काम कला शिल्प के मंदिर - खजुराहो

(यात्रा संस्मरण)

नन्हें सिंह ठाकुर 'आदम'

Book	: Kaam Kala Shilp Ke Mandir - Khajuraho
Author	: Nanhe Singh Thakur 'Aadam'
Edition	: 1st (September, 2022)
ISBN	: 9789391358433

© Author

Published by

PRACHI
DIGITAL PUBLICATION

Regd. Add.: 254, Khuriyakhatta No. 10, Bindukhatta,
Lalkuan, Nainital - 262402, Uttarakhand, India
Website : www.prachidigital.in
E-mail : editor@prachidigital.in
Contact : +91-976041-7980, +91-976041-8103

Printed by :
Manipal Technologies Limited, Manipal - 576104, Karnataka

अनुक्रमणिका

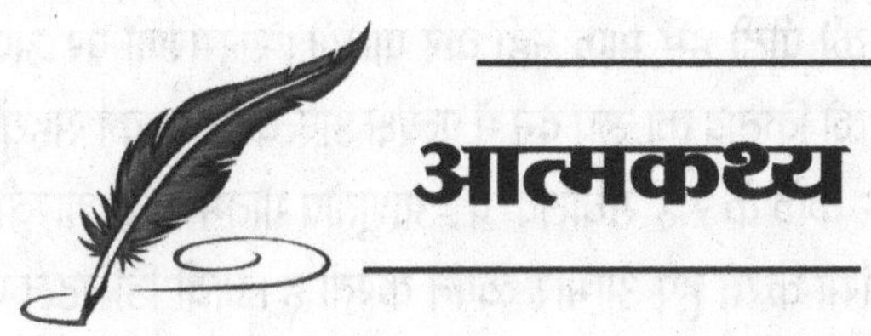

आत्मकथ्य

यात्रा संस्मरण लिखते हुए ऐसा लगा जैसे 1982 से 2016 तक का जीवन फिर से जी लिया हो। बारह संस्मरण यात्रा जब पूरी हुई तो लगता है कि हमने अपना जीवन घट शब्द सरिता के 20 घाटों से फिर भर लिया है। संस्मरणों की यात्रा भाव जगत में हमेशा चलती रहती है। यह सतत् और अनवरत भाव भूमि पर प्रवाहित होती रहती हैं। चूने के प्रदेश में भूमिगत जल की सरिताओं की तरह मेरे भाव जगत में अदृश्य थी। उन सरिताओं को शब्द प्रवाह के वेग से मन चेतन की सतह पर लाने का प्रयास किया है। यह सब तब हुआ जब डॉ श्याम सुन्दर दुबे जी की अटकते भटकते आत्म कथा पढ़ी। मुझे उन्होंने संकेत भी किया था कि जो आपके पास जीवन के वैविध्य अनुभव की संपदा है उसे शब्दों के रूपों में पिरोते रहना। अभिव्यक्ति की विधा कोई भी हो भाव वेग जितना अधिक होगा रचना उतनी सुंदर बनती है। उनकी यह प्रेरणा मेरे लिए आशीर्वाद बनकर इन संस्मरणों के रूप में आपके समक्ष हैं।

मुझे हमेशा लगता रहा है कि जीवन जब गतिमान है तो हम जड़ होकर रुकते क्यो है? क्यों घरौंदे बनाय? फकीरी ही प्रकृति का संदेश हैं। चलना ही हमारा स्वभाव है नियति भी यही है, तब यायावरी ही हमारा धर्म बनता है। कालेज की हिन्दी किताब में जब घुमक्कड़ धर्म पढ़ा था तभी तय किया था कि घूमने का जब भी अवसर मिलेगा तब चूकूंगा नहीं। जिसने चूक की वह चूक ही जाता है। आज लगता है मानव ने घर, मकान, शहर, सड़कें बनाकर विकास नहीं विनाश के मार्ग की ओर रुख कर लिया है। हिमालय की 16 साल के अंतराल से जो दो यात्राएं हुई, उनमें दो ग्लेशियर लुप्त होने की घटना का मैं चश्मदीद गवाह हूं। 16 साल में जब दो ग्लेशियर लुप्त हो सकते हैं तो आनेवाले तीस साल बाद हिमालय की सदा नीरा नदियां और उत्तरी दक्षिणी ध्रुव के

बर्फ का क्या होगा? मानव उपदेश देता है लेकिन करता रहा अपने मन की। जब प्रकृति अपने मन की करती है तब तक सब कुछ नष्ट हो जाता है।

ग्लोबल वार्मिंग के दुष्प्रभाव का दौर शुरू हो चुका है । प्रकृति की ओर लौटो। हमारा मूल मंत्र नहीं बना तो हमारी कल की पीढ़ी हमें माफ नहीं कर पायेगी। संस्मरणों पर अपनी प्रतिक्रिया अवश्य दे।इन संस्मरणों को किताब का रूप देने में प्रत्यक्ष अप्रत्यक्ष जिनका सहयोग है। सबका आभारी हूं। सुमित सायबर कैफे के सह संचालक पं. आशुतोष गौतम, छोटू शास्त्री ने जिस गति से काम किया उनकी प्रशंसा करते हुए आभार व्यक्त करता हूं। प्राची डिजिटल पब्लिकेशन ने मितव्ययिता के साथ यह पुस्तक अमेजन व फ्लिपकार्ट के माध्यम से आप तक पहुंचाने के लिए उनका आभारी हूं। आप सब के स्नेह का सदा आकांक्षी....

नन्हें सिंह ठाकुर 'आदम'

आत्मा की अनुगूँज

मनुष्य स्वभावतः यात्री है। घर के एक कोने में बैठा बैठा वह आकाश पाताल की यात्रा कर लेता है। मनुष्य के मन की यायावरी स्मृति उदीप्त है। स्मृति ही मन को सात द्वीप, नव खंड और इनसे अधिक स्थानिक आयामों तक ले जाती है। वह काल – गति को नाथ कर रखती है। समय और समय के पार यात्रा करने में मन बेरोक – टोक होता है। सशरीर यात्रायें मन की उर्जा से ही संचालित होती है।

शरीर के द्वारा की जाने वाली यात्रायें स्थान और काल की दृष्टि से सीमित सी होती हैं। यह शरीर की स्थूल सीमा है – जो निर्धारित भू भौतिकी को अपने पांवों से नापती है। इन यात्राओं में शरीर के साथ मन भी चलता रहता है। यह यात्री की संवेदनशीलता पर निर्भर करता है कि उसका मन स्थानिक चिन्हों की   सांस्कृतिक, ऐतिहासिक और प्राकृतिक संरचनाओं की तलाश में कहां तक जा पाता है। जितनी दूर तक शरीर और मन की यह जोड़ी निभती है – यात्रा उतनी ही आंतरिक गहराई वाली होती है।

ऐसी यात्रायें ही आत्मा को प्रफुल्लित करती हैं। एक बड़े लेखक ने कहा है कि यात्रा संस्मरण का लेखक तीन बार एक ही यात्रा से गुजरता है। भौतिक यात्रा के पूर्व जिस स्थान पर उसे पहुंचना है – उसके संपूर्ण मार्ग और उसकी दिक्कतों तथा सहूलियतों की पूरी कल्पना वह कर लेता है – यह कल्पना यात्रा हुई, फिर वह भौतिक यात्रा करता है – यह यथार्थ यात्रा है – जब वह अपनी संपूर्ण यात्रा को स्मृति विध्द होकर होकर शब्दों में उतारता है – तब यह उसकी तीसरी यात्रा होती है। इस रूप में यात्रा संस्मरण में कल्पना, यथार्थ और स्मृति का योगदान रहता है।

मैंने इस भूमिका का आधार नन्हें सिंह ठाकुर ''आदम'' की यात्रा संस्मरणों की पांडुलिपि को

पढ़ कर उसके विषय में संक्षिप्त आमुख लिखने हेतु किया है । आदम जी के संकलन में बीस यात्रा संस्मरण हैं । इन यात्रा संस्मरणों में भारत के अनेक प्राकृतिक, धार्मिक और औद्योगिक स्थलों के साथ यात्रा के विभिन्न उद्देश्यों पर आधारित यायावरी अनुष्ठानों का विस्तार से विवरण है । यह विवरण मात्र होता तो शायद संस्मरण शैली में परिगणित नहीं किया जाता, इनमें स्थल विशेष के साथ लेखक की भावनात्मक और वैचारिक प्रतिक्रियाएं भी हैं । खजुराहा की मूर्तियों को देखकर आदम जी लिखते हैं – ''ये मंदिर बाहर से ही दर्शनीय हैं, भीतर जाने पर खाली स्थान मिलते हैं । इसका सरल संकेत यह है कि मानव पहले सांसारिक भोग से तृप्त होकर जब भीतर जाता है, तभी जीवन साधना पूरी हो सकती है । ''

यह अनुभूति यात्रा की आंतरिक प्रतिक्रियाओं का उद्घाटन है ।

इन यात्रा संस्मरणों में उन दिनों की भी याद शामिल है, जिन दिनों रचनाकार का अनुभव लोक व्यापक हो रहा था । युवा मन के राग – विराग, प्रीति – द्वेष और शिक्षा प्राप्ति के लिए किए जाने वाले आत्म संघर्षों के अंतर्द्वीपों का उल्लेख स्पष्ट करता है कि लेखक ने व्यक्तित्व की तेजस्विता को प्राप्त करने के लिए जीवन के बहुआयामी स्तरों पर अडिग होकर संचरण किया है । ''वृक्ष गंगा साईकिल रैली'' भले ही छात्र जीवन की साहसिक यात्रा हो, किंतु संकाय की क्षमता की अभिव्यक्ति को तो दर्शाती ही है । धुआंधार की यात्रा में नर्मदा के सौन्दर्य को कवि मन जब निहारता है तब वह कह उठता है – ''प्रपात का अदभुत दृश्य कह रहा था कड़क चट्टान हो, यह विपुल जल राशि सबका मर्दन पतन तय है । सभी को धुआं धुआं नियति कर देती है । ''

इस यात्रा से लौटते हुए भारत पाकिस्तान क्रिकेट मैच की चर्चा यात्रा के परिवृत्तों को विस्तारित करती है । पचमढ़ी की यात्रा के साथ एक अंतर्यात्रा लेखक के जीवन के उस उबड़-खाबड़ प्रदेश की भी है – जिस पर चलकर वह किसी हरित भरित अंचल की तलाश अपनी हिम्मत से कर रहा था – यह पचमढ़ी के पहाड़ों की ऊंचाई छूने के पराक्रम का प्रारंभ था ।

इस संकलन में हिमालय की दो यात्राओं का विवरण है । यात्राओं का उद्देश्य, उनसे अर्जित अनुभवों का ऐश्वर्य इन संस्मरणों में रचनाकार की जीवन यात्रा का पाथेय तो बनता ही है पाठक भी इन अनुभवों से समृद्ध होता है । इस संकलन में आदम जी ने जन्मभूमि और कर्मभूमि के पर्यटन स्थलों को उपसंहार के रूप में जोड़कर बड़ा पवित्र कार्य किया है । दमोह जिले की ऐतिहासिक सांस्कृतिक, साहित्यिक तथा प्राकृतिक सौन्दर्य की जो विशिष्ट पहचान रही है, उसे अपनी कलम के माध्यम से आदम जी ने उकेरने का प्रयास किया है । सुनार नदी का संगम, हटा की पृष्ठभूमि, जागेश्वर धाम, नोहलेश्वर नोहटा, हिन्डोरिया, सिंगौरगढ़ तथा सिग्रामपुर के अतीत से तालमेल करते हुए प्रकृति प्रदत्त संपदा की धरोहर को साहित्य के पटल पर प्रस्तुत करके आदम जी ने अपनी जन्मभूमि एवं कर्मभूमि का कर्ज़ चुकाने का पुण्य कार्य किया है ।

आदम जी मूलत: कवि हैं, उनके काव्य संकलन प्रकाशित है – उनकी कविता छंद प्रधान होती है। छंद जैसी गतिशीलता और रागमयता यदि यात्रा से जुड़ जाती है तो यह यात्रा जीवन व्यापनी बन जाती है।

इन यात्रा संस्मरणों में रचनाकार का कवि मन भी सक्रिय रहा और उनकी वैचारिक चेतना भी प्रतिक्रियाशील रही है, इसलिए ये संस्मरण भाव और विचार की दृष्टि से प्रभावशाली है। गद्य में आत्मीयता का रंग घोलना सरल नहीं होता है, किंतु लेखक ने ये रंग घोला है। यह उनके गद्य लेखन की सफलता है – सहज – सरल संवादों में अपनी बात कहते ये यात्रा संस्मरण आपको यदि यात्राओं के लिए प्रेरित करते हैं तो यह लेखक की सफलता ही होगी।

मैं आदम जी की इस कृति का हृदय से स्वागत करता हूं और उन्हें अपने मंगल आशीष संप्रेषित करता हूं।

स्थान – हटा दमोह मप्र।
दिनाँक – 15/07/2022

डॉ. श्यामसुंदर दुबे
सलाहकार समिति सदस्य संस्कृति मंत्रालय,
भारत सरकार नई दिल्ली

काम कला शिल्प के मंदिर- खजुराहो

पर्यटन मानव मन की उत्कट अभिलाषा है। बाल से लेकर वृद्ध तक पर्यटन के लिए उतावले रहते हैं। बचपन में जब कभी बैलगाड़ी सजती थी तो मैं बिना यह जाने कि यह कहां जा रही है झटपट तैयार होकर बैठ जाता था। बचपन से ही पर्यटन प्रेमी रहा हूं। या यूं कहें मानव स्वभाव ही यायावर है। जब उच्च शिक्षा शासकीय पीजी कालेज दमोह में ग्रहण कर रहा था उस समय 19 साल की किशोर युवा वय की बेला में 1982 में अपने कुछ मित्रों के साथ निजी परिवहन साधन की व्यवस्था कर खजुराहो के मंदिर देखने निकल पड़ा। पन्ना में पुराने बस स्टैंड की नंदू की पान दुकान में उस समय के प्रसिद्ध और सबसे अधिक चर्चित पनवाड़ी का पान खाया। साथ में हटा के मित्र नंदकिशोर उपाध्याय थे उस समय वह वहां डीएड शासकीय खर्चे से कर रहे थे। नंदकिशोर उपाध्याय ने बताया यह दुकान कुछ समय ही खुलती हैं, शेष समय खोलना पान संघ की ओर से प्रतिबंधित है, क्योंकि जब तक यह दुकान खुली रहती हैं तब तक शेष दुकानों पर ग्राहक नहीं जाते। मुझे थोड़ा विस्मय हुआ और अच्छा भी लगा कि एक ब्रांड जब स्थापित हो जाता है तो वह कैसे लोकप्रिय बन जाता है। मैंने थोड़ा आगे पूछा यहां पान दुकान संघ का अध्यक्ष कौन है? नंदकिशोर ने जब बताया कि यही नंदू चौरसिया पान संघ का अध्यक्ष है। यह सुनकर नंदू चौरसिया के प्रति मेरी श्रद्धा जाग गई और सोचने लगा नेता और मुखिया हो तो इनके जैसे जो अपने समय पर खुद प्रतिबंध लगाकर साथियों को जिविका उपार्जन का अवसर देते हैं। पन्ना से छत्तरपुर हम खजुराहो के लिए रवाना हुए तो सबसे पहले पांडव फाल में रुके।

पांडव फाल में अज्ञात जगह से पानी का झरना एक गहरी सी खोह में गिरता है। जहां गहरे जल कुंड है। यहां कुछ गुफाएं भी है जिनके बारे में कहा जाता है कि यहां पांडव अपने अज्ञातवास में रुके थे। कथाए तो कथाएं होती है जिनको इतिहास प्रमाणित नहीं करता है किंतु यहां की प्राकृतिक सुंदरता मन मोह लेती है और गर्मी में ठंडक का अहसास कराती है। यहां से हमको विश्व की सवसे अनुपंम धरोहर खजुराहो के मंदिर पहुंचे। खजुराहो का नाम लेते ही खजुराहो के विशाल मंदिर आंखों में उतर आते हैं जिनका शिल्प और कला अनुपम है। जिसको देखने पूरे विश्व के सैलानी आकर्षित होते हैं। मुझे लगता है कि ऐसे अदभुत शिल्प पर उकेरे काम चित्रों के मंदिर विश्व में कहीं नहीं होंगे।

हम पहली बार कुछ मित्रों के साथ इन मंदिरों को देखने अक्टूबर 1982 में पहुंचे थे। खजुराहो दमोह से पन्ना 135 किलोमीटर है। पन्ना से खजुराहो समीप ही लगभग 50-60 किलोमीटर दूरी

के आसपास छतरपुर रोड पर स्थित है । यह क्षेत्र बुंदेलखंड कहलाता है ।

खजुराहो नाम जो पहले कभी खर्जुरवाहक के नाम से भी जाना जाता था, सबसे पहले इसे संस्कृत में खर्जुर मतलब खजूर कहा जाता था, जिससे सिद्ध होता है खजुराहो खजूर के पेड़ों के कारण ही नाम पड़ा होगा ।

मन्दिरों का निर्माण चन्देल राजवंश के समय हुआ था । उस समय यहां चन्देल राजवंश अपने पैर जमा रहा था । इनमें अधिकतर मन्दिरों का निर्माण भारतीय हिन्दू राजा यशोवर्मन के शासन काल में हुआ था, यशोवर्मन जो कि एक चन्देल राजवंश का हिन्दू शासक था । वर्तमान में सबसे लोकप्रिय मन्दिर कन्दारिया महादेव मन्दिर है जिसका निर्माण चन्देल राजवंश के शासक विद्याधर ने करवाया था । इन मन्दिरों के अभिलेखों पर कुछ तथ्य मिले है जिससे पता चलता है कि इन मन्दिरों का निर्माण पूरा 970 से 1030 ईसा पूर्व में हुआ था । यह धरोहर विश्व धरोहर के रूप में यूनेस्को में दर्ज हैं । खजुराहो के मन्दिरों का इतिहास क ई इतिहासकारों ने खंगाला किंतु मतभिन्नता बनी रही है । प्राचीन समय में खजुराहो को ''खजरा'' भी कहते थे ।

मध्य भारतीय क्षेत्र में अवस्थित खजुराहो के मन्दिर जिन पर 13 वीं से 18 वीं शताब्दी तक भिन्न–भिन्न मुस्लिम शासकों ने नष्ट करने का प्रयास किया था ।

1930 के दशक में यहाँ के स्थानीय हिन्दुओं ने ब्रिटेन के सर्वेक्षक टी एस बर्ट की मदद की जिससे बर्ट ने खजुराहो के मन्दिरों की पुनः खोज की । इसके कुछ समय तत्पश्चात अंग्रेज पुरात्त्वशास्त्री अलेक्जैंडर कन्निघम ने बर्ट की खोज का पुनरु निरीक्षण किया था । उनकी रिपोर्ट से पता चलता है कि यहाँ मन्दिरों में हिन्दू योगी और हजारों की संख्या में हिन्दू लोग चुपके से यहाँ मार्च और फ़रवरी माह में शिवरात्रि उत्सव मनाया करते थे ।

इस प्रकार इतिहास और पुरातत्व की बात छोड़कर हम इसके वर्तमान स्वरूप को जब देखते हैं तो इनका शिल्प दृष्टि को केन्द्रित करता है । अधिकांश चित्र नग्नावस्था में है तथा विविध काम मुद्राओं को व्यक्त करते है । काम कला को शिल्पकार ने अदभुत ढंग से चित्रित किया है । काम जब वेग पकड़ता है तो यह चरम परमानन्द देकर मानव मन को गतिहीन कर देता है । गति और यति के यह नियम ही मानव जीवन को पूर्णता की ओर ले जाते हैं । आचार्य रजनीश जैसे आधुनिक दार्शनिको ने इसकी अलग तरह से व्याख्या की है । यह मंदिर बाहर से ही दर्शनीय है भीतर जाने पर खाली स्थान मिलते हैं । इसका सरल संकेत यह भी है कि मानव पहले सांसारिक भोग से तृप्त होकर जब भीतर आता है ध्यान लगाता है तभी जीवन साधना पूरी हो सकती है । मन में हलचल है । काम और दाम का मोह छोड़ना उपदेशों से संभव नहीं है इसलिए उपभोग करने के बाद यह

सब छोड़ने की संभावना अधिक होती है। हमारे साहित्य और संस्कृति में हमारे बुजुर्ग और पूर्वजों का अनुभव भंडार है जिसका जड़ अनुशरण हमें भटका देता है और संकेत सार जो समझता है वह जीवन आसव पी लेता है।

हम लोगों ने एक एक मंदिर को देखा। साथ में विदेशी सैलानी भी देख रहे थे। विदेशी सैलानी यहां जोड़ों में आते हैं और हफ्तों यहां की आलीशान होटलों में रुकते हैं। इसलिए विश्व के सभी बड़े होटल समूहों के यहां बड़े बड़े होटल है। मंदिर का सौन्दर्य यहां के समतल हरी घास वाले मैदान और अधिक बड़ा देते हैं। काम कला शिल्प के इन मंदिरों का दर्शन हमें ऊर्जा देता है।

हम लोगों को वापिस दमोह आना था तो पन्ना छोड़कर हम छतरपुर से सागर दमोह रोड पर मुड़कर बाजना गांव के पास घने जंगल में स्थित भीम कुंड देखने आ गये। भीमकुंड में मेला भी भरता था और मैं बचपन में बैलगाड़ी से यहां का मेला देखने आ चुका था। भीमकुंड में चड्डी पहने कूंद कूंद कर नहा भी चुका था। भीमकुंड के बारे में कहा जाता है कि यहां जब पांडव घूम रहे थे तो द्रोपदी को प्यास लगी और जब कहीं जलाशय नहीं मिला तो भीम ने अपनी गदा पटक कर यहां का जल द्रोपदी को पिलाया था। भीमकुंड की गहराई अभी तक नापी नहीं गई है। कुंड का जल समुद्री जल की तरह नीला ही दिखता है। यहां एक संस्कृत विद्यालय संचालित है जिससे यहां हलचल बनी रहती है। डिस्कवरी की टीम भी यहां आई थी जिसे गहराई नापने में सफलता नहीं मिली। पश्चिम बंगाल और उड़ीसा में जब बड़ा समुद्री तूफान आया था तो इस कुंड में हलचल देखी गई थी। इसलिए कुछ लोगों का मानना है इसकी सुरंग समुद्र तक जाती है।

प्रकृति की इन संरचनाओं को प्रकृति ने ही बनाया है। इसलिए कुछ नहीं कह सकते यद्यपि भूगोल में पढ़ाया जाता है कि पृथ्वी में ऐसे जलकुंड अनेक जगह हो सकते हैं। जब उल्कापात होता है और आसमान में उल्का पदार्थ पूरा नहीं जल पाता तो वह पृथ्वी की सतह पर घुसकर ऐसे कुंडों का निर्माण करने में सक्षम है। भीमकुंड से लौटने के पहले जटाशंकर धाम भी दर्शनीय है। वहां भी जल का एक झरना है जो सतत् रूप से प्रवाहित होता है। वही पर एक शिवलिंग स्थापित है जो जटाशंकर भगवान कहलाते हैं। झरना सतत् प्रवाहित होता है इसलिए इस जल को थोड़ा नीचे बड़े जल कुंडों में संग्रहित किया गया है। इस स्थान को 1960–70 के दशक में सक्रिय रहे दस्यु सरगना मूरत सिंह ने और अधिक विकसित किया था ऐसा स्थानीय लोगों का कहना था।

जब भी आप खजुराहो जाएं तो पांडव फाल, भीमकुंड और जटाशंकर के दर्शन करने ज़रूर जाएं। मानव जीवन सीमित है। यात्राए अनन्त है। मानव शरीर भी अंत में अनन्त की यात्रा कर विश्रांति लेता है। आपने खजुराहो संस्मरण पढ़कर खजुराहो जाने की योजना बना ली है इसलिए

आपकी यात्रा शुभ हो । मेरा यह दोहा याद रखो ..

बुंदेलखंड पधारिये, छोड़ दुश्मनी बैर ।
जवानी चंद दिनों की, जी भर कर लेंसैर ।

मध्य भारत वृक्ष गंगा साईकिल रैली

बचपन कै दिन सुहाने होते हैं तो किशोरावस्था और युवावस्था की दहलीज पर खड़े महाविद्यालयीन शिक्षा के दिन मस्ताने होते हैं। जून 1981 में ग्यारहवीं हटा से सर्वाधिक अंक आर्ट संकाय में लाया था। पिताजी को बताया मुझे कालेज में पढ़ने जाना है, कालेज उस समय जिले में एक ही था शासकीय पीजी कॉलेज दमोह। पिताजी ने कहा ख़र्च बहुत होगा तो मां ने कहा मेरा जेबर बेच देना। पिताजी सहमत हुएं। मैंने कालेज में प्रवेश ले लिया। फर्स्ट ईयर में संख्या अधिक थी इसलिए दो सेक्शन बनें। मैं ए सेक्शन में था। कक्षा नायक हटा में रहा तो नेतृत्व के गुण पहले से ही थे। हटा के कुछ साथी साथ थे सीआर चुनाव होने थे मैं बनना नहीं चाहता था गर्वनमेंट स्कूल दमोह में पढ़ा श्याम सुन्दर चौबे उत्सुक था वह मुड़िया के पास के गांव के थे। मैंने दोस्त बना लिया और कहा मैं तुम्हें निर्विरोध सीआर बनाऊंगा। वह बोला कोई ऐसा दूसरा दिख भी नहीं रहा फ़ार्म भरने की जिस दिन अंतिम तिथि थी हमारी कक्षाएं सुबह लगती थी। मैंने चौबे से कहा आज अंतिम दिन है कोई दूसरा फ़ार्म नहीं आया। चलो चन्नी की दुकान मेरे हटा के तीन चार साथी साथ थे हम लोग खुशी में समोसा खाते हैं। बिल आपको चुकाना है। वह आनाकानी करने लगा। बोला कौन लड़ेगा मेरे सामने। मैंने समझाया कि खिला दो समोसा वर्ना लड़ तो मैं भी सकता हूं। वह गुस्से में आ गया कहने लगा मैं दमोह में पढ़ा हूं दमोह के लड़का लड़कियों से क्लास भरी है। तुम हटा वाले तीन चार हो वही वोट मिलेंगी। एक शब्द उन्होंने और रौब से कह दिया कि मैं पथरिया फाटक पर रहता हूं। उस समय पथरिया फाटक मवालियों का मुहल्ला माना जाता था। उसे शायद पता नहीं था कि मैं महाकाली चौराहे के पास रहता था जहां आये दिन गुड्डू तिवारी और देवी ठाकुर की जंग में हथगोला अक्सर फूटा करते थे।

मेरी सुनार का पानी तपने लगा था जैसे ही आफिस खुला फ़ार्म लेकर मैंने भर दिया। चुनाव हुआ सौहार्द भी बना रहा। मैं एकतरफा मतों से चुनाव भी जीता। शिक्षकों का मै जल्दी ही चहेता बन गया था। भूगोल अशोक तिवारी जी पढ़ाते थे एक दिन चुनाव से पहले ही उन्होंने कक्षा में कहा नन्हें सिंह तुम बोर्ड से प्रथम क्लास पास होकर आये। सीआर नहीं लड़ना था आज तक कोई सीआर स्नातक में पहले ही साल या तो फेल हुआ या थर्ड डिवीजन। मैंने खड़े होकर नम्रता से कहा सर आपका आशीर्वाद रहा तो यह मिथक टूटेगा। अंत में उन्होंने कहा हो तो तुम योग्य। मैं चुनाव इनके इसी अंतिम वाक्य से उसी समय जीत गया था। यद्यपि वाक पटु मिलनसार था। जल्दी ही सबसे दोस्ती हो गई। उसी साल कालेज अध्यक्ष का चुनाव जगजीत सिंह वाधवा और वीरेंद्र दबे

लड़ रहे थे। सतीश नायक की दीदी ममता जी एम ए हिन्दी में कर रही थी, दीदी एक दिन वीरेंद्र दबे को कक्षा में लेकर आईं और सीआर के हम दोनों प्रत्याशियों को लेक्चर बूथ पर बुलाया और निर्देशित किया पहले खुद के लिए वोट मांगों फिर वीरेन्द्र दबे के लिए। मैंने श्याम से कहा –पहले आप। श्याम ने नेता शैली में वोट मांगे कि मैं कक्षा के लिए यह करुंगा, वह करुंगा इसलिए मुझे वोट दें। वीरेंद्र भाई अच्छे हैं इसलिए उन्हें वोट दे। मेरी बारी आई तो मैंने पहले सीआर का शाब्दिक अर्थ समझाया फिर कहा– मैं खुद कुछ नहीं करुंगा जो कक्षा के छात्र कहेंगे उनके समर्थन में नेतृत्व दूंगा। वीरेंद्र भाई को वोट देने का आश्वासन देने का अधिकार मुझे नहीं है इसलिए कक्षा के साथियों से चर्चा कर निर्णय करुंगा। शमेरी जय हिन्द कहते ही पूरी कक्षा ने तालियां बजाईं थी। मैं और वीरेंद्र दुबे चुनाव जीते थे। वीरेंद्र भाई जगजीत सिंह से तब से लेकर अब तक दोस्ती है।

एके तिवारी प्रेक्टीकल फाईल जब जांचते थे और फाईल सही ढंग से नहीं बंधी या साफ सुथरी नहीं दिखी तो वह कक्षा के बाहर इतनी गुस्सा में फेंकते थे कि ग्राउंड में गिरती थी यदि ग्राउंड गीला हुआ तो पूरी फाइल नई फिर से लेनी पड़ती थी। उनके साथ दूसरे भूगोल के प्रोफेसर एसके तिवारी थे वह गंभीर रूप में रहते थे। परीक्षा हुई प्रथम वर्ष का परिणाम आया मुझे अंग्रेजी सामान्य ने एक प्रतिशत प्रथम श्रेणी से वंचित कर दिया। यद्यपि उस समय बीए फाइनल में प्रथम वर्ष के अंक नहीं जुड़ते थे। किन्तु मैं सावधान हो गया। सामान्य अंग्रेजी की जगह सामान्य हिन्दी ले ली हिंदी साहित्य, अर्थशास्त्र और भूगोल मुख्य विषय पहले से ही थे। पहले एसके तिवारी फिर एके तिवारी जी का स्थानांतरण जबलपुर हो गया वह अपने इच्छित स्थान पर पहुंच गए। मुझे उनके जाने से दुःख हुआ। बीए का द्वितीय वर्ष था तिवारी जी की जगह अनंत राम शर्मा जी आ चुके थे। मैं प्रथम वर्ष में ही राष्ट्रीय सेवा योजना का सदस्य बन गया था। शर्मा जी में प्रोफेसर से ज्यादा नेता जी के लक्षण थे इसलिए मैं जल्दी ही उनसे घुल मिल गया। अपने पिताजी की भी भेंट करा दी थी। हमारा गांव रुसन्दो पथरिया विधानसभा में ही आता था। वह भी पथरिया क्षेत्र के थे।

भोपाल में राष्ट्रीय स्तर की मध्य भारत वृक्ष गंगा साईकिल रैली का आयोजन होना था। शर्मा जी ने मुझसे कहा अपने दोस्तों से कहो तैयार रहें अक्टूबर में किसी दिनांक को पीजी कॉलेज से साईकिल रैली जानी थी। जिनके पास अच्छी या नई साईकिल थी मैंने कक्षा में चर्चा की तो महेंद्र खरे, गुंजी के ही शशि तिवारी, वनवार क्षेत्र के मुहम्मद खान भूपेंद्र राजपूत, राघवेन्द्र पाठक हटा सहित 13 मित्र साईकिल रैली में शामिल होकर चलने तैयार हो गये। शर्मा जी ने मुझे रैली नायक बनाया और एक जीप लेकर वह तैयार हुएं। प्राचार्य द्विवेदी जी ने हरी झंडी दिखाकर रैली रवाना की। हमारी रैली तीन गुल्ली को छोड़ते हुए सागर नाका पहुंची तब तक शर्मा जी की जीप पीछे लग

गयी सभी लोग उत्साहित थे। सभी मजे से साईकिल चला रहे थे। साईकिल पर वृक्ष गंगा साईकिल रैली की तख्तियां लगी थीं। लोग उत्सुकता से हमारी रैली को देख रहे थे। साईकिल रैली में जहां पब्लिक होती थी वहां हम नारे भी लगा रहे थे। ''वृक्ष लगाओ, पृथ्वी बचाओ'' काश यह नारे और इनका परिपालन विश्व 1983 से करता तो आज भावी भयावह त्रासदी जो आनेवाली है वह ना आती। प्रकृति कभी माफ नहीं करती। हमने जो दोहन जल जंगल जमीन का किया है, उसका प्रतिशोध प्रकृति 2050 के पहले लेने वाली हैं। अभी भी समय है विश्व को जागना होगा। सारे कार्बनिक उत्सर्जन एक झटके में बंद करना होंगे।

हमारी रैली का पहला पड़ाव राहतगढ़ में था। रात्रि विश्राम राहतगढ़ में था। रात्रि भोजन की व्यवस्था थी। सुबह सागर विश्वविद्यालय के प्रभारी प्रोफेसर श्री बिल्थरिया जी अपने शिक्षण विभाग के छात्रों के साथ आये हमारी रैली अब सागर विश्वविद्यालय की रैली बन चुकी थी कुल संख्या 29 हो गई। विश्वविद्यालय रैली का नायक मुझे ही बनाया गया। संख्या अधिक होने से हमारे उत्साह में और वृद्धि हुई। कालेज के छात्र को विश्वविद्यालय की रैली का नेतृत्व मिला इसलिए मैं भी खुश था।

अल्पाहार के बाद हमारी रैली का दूसरा दिन शुरू हुआ। वहीं नारे वही उत्साह से हम चल रहें थे। बसों के ड्राइवर और बस सवारियां हाथ हिलाकर उत्साह वर्धन कर रहे थे। साईकिल रैली का दूसरा पड़ाव लगभग दो सौ किलोमीटर की यात्रा करके बेगमगंज या गैरतगंज के रेस्टहाउस में रखा गया था। वहां से भोपाल सत्तर किलोमीटर शेष बचा था। रात्रि भोजन और विश्राम किया। सुबह नाश्ते के बाद तीसरे दिन की यात्रा शुरू हुई तो रायसेन के आगे किसी ढाबे पर हमारा दोपहर का भोजन हुआ। यात्रा में थकान नहीं मस्ती आने लगी थी। हम लोग सायं को भोपाल में विश्वविद्यालय के परिसर में पहुंच चुके थे। उस समय विश्वविद्यालय का नामकरण नहीं हुआं था। बाद में उस विश्वविद्यालय का नामकरण बरकत उल्ला विश्वविद्यालय का हुआ। हमारे रुकने की व्यवस्था शायद किसी लायब्रेरी के बड़े हाल में की गई थी। वहां पर रीवा विश्वविद्यालय, लखनऊ, महाराष्ट्र कर्नाटक बिहार के विविध विश्वविद्यालयों के छात्र पहुंच चुके थे। अगले दिन सुबह से कुछ कार्यक्रम थे रात में हम लोगों का विश्वविद्यालय वार सांस्कृतिक कार्यक्रम का प्रस्तुतीकरण होना था जिसमें गीत ग़ज़ल स्वयं के या दूसरों के गाने की स्वतंत्रता थी।

सुबह जब वृक्ष गंगा साईकिल रैली पर वक्तव्य हुए तब किसी पर्यावरणविद ने बताया था कि एक नीम के वृक्ष की औसत कीमत का आंकलन करें। वह अपने पचास साल के जीवन में हमें कितना देता है ? पचास साल तक हमें मिलने वाली आक्सीजन, शोषित करता कार्बन डाइऑक्साइड

का मूल्य, वर्षा करानेबाले उपकरण, पक्षियों का देता भोजन, औषधि, मुख मंजन की दातौन, से लेकर लकड़ी का मूल्य आकलित करें तो बारह लाख से कम नहीं होगी। यह 1983 के सूचकांक पर गणना थी आज यह बारह करोड़ से अधिक होगी। मनुष्य कितना मूर्ख है जो वृक्ष की लकड़ी के लालच में कुछ हजार पैसे के लिए उसे काट देता है। उस समय मेरे मन में आया था कि हरे या जीवित वृक्ष को काटने के अपराध पर दुनिया भर में मानव हत्या से अधिक जघन्य मामला मानकर एक एक्ट बनना चाहिए। पता नहीं इतनी सरल सी बात हमारी सरकारें और आम जनमानस क्यों नहीं समझता।

शाम हुई तो मुझे कुछ बोलना था आवास के हाल में मंनोरंजक आयोजन था। मुझे कुछ शेर याद थे वह वाचन कर अंत में एक शेर पढ़ा—

''कौन कहता है बुढ्ढे इश्क नहीं करते।

यह इश्क़ तो करते हैं लोग शक नहीं करते।''

तालियां बजीं बुजुर्ग शिक्षक भी हंसते रहे। अगले दिन हम जब बस स्टेंड साईकिल से जा रहे थे तो एक फोटो ग्राफर से आग्रह कर सड़क पर ही फोटो खिंचवाई पैसे का भुगतान कर दिया और आग्रह किया कि फोटो पोस्ट आफिस के मेरे पते पर भेज दें। वह श्वेत श्याम फोटो आज भी मेरे पास है। बस पर साईकिल ऊपर रखी। बस किराया शर्मा जी ने चुकाया। हम लोग दमोह आ गये। मैंने महाविद्यालय की पत्रिका ऋचा में यह यात्रा संस्मरण उस समय लिखा था प्रकाशित भी हुआ था। आज सोचता हूं 1983 जैसी मध्य भारत वृक्ष गंगा साईकिल रैली का आयोजन सतत् क्यों नहीं चला। वह रैली दमोह जिला वृक्ष गंगा साईकिल रैली, जबलपुर जिला वृक्ष गंगा साईकिल रैली, सागर जिला वृक्ष गंगा साईकिल रैली से लेकर नगर उपनगर, पंचायत और ग्राम स्तर पर सतत् होती रहती तो वृक्षों की कीमत और उनका महात्म्य जनचेतना अभियान बन जाता। अंत में एक अपना दोहा कहूगा—

मानव वृक्ष बचाइये, तभी बचेंगे प्राण।

चौथा प्रलय आयेगा, रोके यह भगवान।

संगमरमरी धुआंधार जल प्रपात

यह बात 10 मार्च 1985 की है। एम ए भूगोल का भौगौलिक भ्रमण दल सुबह से प्रोफेसर अनंतराम शर्मा जी के नेतृत्व में भेड़ाघाट जाने को तैयार था। सोनी ट्रांसपोर्ट की बस शर्मा जी के आवास के पास तैयार खड़ी थी। सभी छात्र छात्राएं बस में बैठ चुके थे। लालकोट में अमिताभ बच्चन हेयर कट में हीरो की तरह दिखने वाले एक छात्र का इंतजार था। मैं अपनी टीवीएस मोपेड से जैसे ही पहुंचा सबके चेहरे खिल उठे। मेरे आने से चेहरे नहीं खिले बल्कि इसलिए खिले कि चलो इंतजार खत्म हो चुका था। वह सब जानते थे कि शर्मा जी नन्हें सिंह को बहुत चाहते हैं। मेरे बिना वह बस रवाना नहीं कर सकते थे। मैंने अपनी मोपेड रत्नेश बंगले के पास स्थित प्रोफेसर शर्मा जी के बंगले में पार्क कर दी। शर्मा दंपति मुझे अपने बड़े पुत्र जैसा मानने लगे थे। उनके पांच पुत्र छोटे छोटे थे जिन्हें हम पांच पांडव कहते थे। श्रीमती लीला शर्मा को मैं दीदी कहता था। दीदी का रिश्ता मेरे लिए फायदेमंद इसलिए था कि जब शर्मा जी को डांट पड़वानी होती थी तो दीदी से शर्मा जी की शिकायत कर देता था। यह बात शर्मा जी जानते थे। जब भी दीदी जी के धर्म भाई पूर्व केन्द्रीय मंत्री विद्याचरण शुक्ल जी पथरिया आते थे तो दमोह भी आते थे। उनको डायनिंग टेबल पर खाना परोसने की व्यवस्था मुझे ही संभालना पड़ती थी।

बस रवाना हो गई। भेड़ाघाट जबलपुर की यह हमारी पहली यात्रा थी। यात्रा का सभी खर्च कालेज ही उठाने वाला था, इसलिए मुफ्त की यात्रा में खुशी थोड़ी और अधिक बढ़ रही थी। बस में फिल्म गीतों पर अंत्याक्षरी प्रारंभ हो गई। जब कोई टीम अटक जाती तो मैं याद करा देता था। मुझे ढेरों फिल्मी गीत याद थे। कक्षा छठवीं से ही हटा की दुर्गेश टाकीज से फिल्में देखना शुरू कर दी थी। घर में लाडला था पढ़ाई में होशियार भी इसलिए पिताजी ने आर्थिक कमी कभी आने नहीं दी।

भेड़ाघाट आ चुका था हम लोग सबसे पहले जलप्रपात के ऊपर नर्मदा जी को देखने गये। जहां उथले में अलग–अलग जल धाराओं में जल प्रवाहित होता है। यहां नहाया भी जा सकता है लेकिन हम सब तो नहा धोकर तैयार हो कर आये थे इसलिए नहीं नहाया। शर्मा जी का नियंत्रण था। विश्व प्रसिद्ध धुआंधार झरने के हम ऊपर हिस्से में थे। थोड़ी देर बाद हम वहीं पर थोड़ा नीचे गये तो संगमरमर की चट्टानों को काटकर नर्मदा के जल को ऊपर से नीचे गिरते जब देखा तो बड़ा मनोहर दृश्य दिखता था। हाथी जैसी उन्मत्त विशाल जलराशि ऊपर से नीचे गिर रही थी। नीचे की गहराई 95 मीटर बताई गई थी। नर्मदा नदी की ऊपरी धारा विश्व प्रसिद्ध संगमरमर के पत्थरों पर

गिरती है, तो जल की सूक्ष्म बूँदों से एक धुएँ जैसा झरना बन जाता है, इसी कारण से इसका का नाम ''धुआंधार प्रपात'' रखा गया है । यह बात यह दृश्य देखकर समझ में आ गई ।

यह प्रपात जबलपुर से मात्र 25 किलोमीटर की दूरी पर स्थित है ।

घुआंधार प्रपात अपनी शांति और सुन्दर दृश्यावली से पर्यटकों का मन मोह लेता है । ऊपर से नीचे जल गिरने की गति बहुत ही तेज है । इसलिए प्रपात की गर्जना दूर-दूर तक सुनी जा सकती थी । वहीं पर पास में बंदरकूंदनी एक स्थान है जहां पर कुछ युवा बहुत अधिक ऊंचाई से नीचे गहरे जल में कूंद रहे थे । इसके बाद हम नर्मदा जी के और नीचे उस तट की ओर पहुंचे जहां से नौकाओं पर बैठकर नर्मदा की संगमरमरी घाटी के दृश्य नर्मदा जी की जलधारा में से ही देखना थे । हम लोग स्टीम इंजन लगी नावों में बैठकर नर्मदा जी के ऊपर की ओर बढ़ रहे थे नाविक गाइड बना नर्मदा के तट के अलग-अलग प्वाइंट दिखा रहा था और बता रहा था । उसने बताया– यह वह जगह है जहां लडके लड़कियां जब प्रेम या परीक्षा में फेल हो जाते हैं तो यहां ऊपर से कूदकर पास हो जाते हैं । इसे सुसायड प्वाइंट कहते हैं । उसके इस कथन पर मैंने आपत्ति ली और उससे कहा ऐसा नहीं ऐसा कहो–बेवकूफ लड़के और लड़कियां जिनमें संघर्ष करने की जीवन से लडने की ताकत नहीं होती वह यहां से कूदकर मां बाप को दुखी कर मर जाते हैं । उसने कहा ठीक है अब इसी वाक्य को रट लूंगा । उसने एक चट्टान दिखाई जिस के नीचे मगरमच्छ रहते हैं इस शिला पर बैठते भी है । हम आगे ऊपर की ओर बढ़ रहे थे ।

हम जब जलधारा की नाव से संगमरमर की घाटी के सौन्दर्य को देखते थे तो रोमांचित हो जाते थे । वास्तव में पर्यटन की सही उम्र तो यही है । इस उम्र में मन की लहरें जब प्रिया की आंखों से टकराती है तो मन प्रपात बन ही जाता है । हम लोग अब धुआंधार के सामने उतनी दूर नौका में बैठे थे जहां प्रपात की चिंघाड़ कर गिरती जल राशि की धुआं बनती बूंदों से हम ना भींगे । प्रपात का अदभुत दृश्य कह रहा था कड़क चट्टान हो यह विपुल जल राशि सबका मर्दन पतन तय है । सभी को धुआं धुआं नियति कर देती है । कभी कहीं पढ़ा था मानव स्वभाव पतनशील होता है इसलिए सरिता के जलप्रपातों में अपना पतन स्वभाव एकाकार कर आनंदित हो उठता है । शायद मनुष्य को झरना इसलिए पसंद आते हैं । सुकोमल तरल जलराशि चट्टान का सीना चीर देती है तो हम मानव तो किसी की एक चितवन से झर जाते हैं । वाह री प्रकृति वाह रे मानव । पहुंचने में समय लगा लौटने में प्रवाह गति साथ थी इसलिए जल्दी वही वापिस आ गए । हमारे मध्याह्न भोजन का समय था वहां के किसी रेस्टहाउस सी जगह हमारा भोजन था ।

भारत वेस्टइंडीज के बीच 1985 के एक दिवसीय बेसन एंड हेजेज के विश्वकप क्रिकेट

टूर्नामेंट का फाइनल चल रहा था। पाकिस्तान और भारत के बीच दिन रात का मैच शुरू हो चुका था क्रिकेट शर्मा जी को प्रिय थी वह वहां लगें टीवी के सामने बैठ गये और बोले तुम लोग यह गार्डन और कुछ घाट घूम आओ। हम लोग चौंसठ योगिनी मंदिर गये। भारत में अनेक चौंसठ योगिनी मंदिरों में से एक है। यह मंदिर असाधारण है, क्योंकि जहाँ लगभग सभी चौंसठ योगिनी मंदिरों में 64 छोटे मंदिर सम्मिलित होते हैं, इसमें 81मंदिर हैं। यह स्थल नर्मदा नदी के ऊपर भाग में एक पहाड़ी पर स्थित है। हमने कुछ घाट घूमें और वापिस सभी आ गये तो बस वापिस दमोह आ रही थी। दमोह आने से पहले ही पाकिस्तान की सभी गिल्लियां उखड़ चुकी थी 47.5 ओवर में 176 रन ही पाकिस्तान बना पाया था। भारत को लक्ष्य पार करना आसान था।

पाकिस्तान की 177 रन की चुनौती आसान थी। टूर्नामेंट में तूफानी फॉर्म में चल रहे रवि शास्त्री और कृष्णमाचारी श्रीकांत ने बिना किसी दबाव के रनों का पीछा करना शुरू कर दिया। इन दोनों ने पाकिस्तानी गेंदबाजों पर अपना दबदबा बनाया और पहले विकेट के लिए 103 रन जोड़कर भारत की जीत पर मुहर लगा दी। श्रीकांत ने 77 गेंदों में 67 रनों की आक्रामक पारी खेली। तीसरे नंबर पर आए मोहम्मद अजहरुद्दीन ने भी 25 रनों का योगदान देकर भारत को जीत के करीब पहुंचाया। अंत में, मुंबई के रवि शास्त्री (63) और दिलीप वेंगसरकर (18) ने नाबाद रहते हुए टीम को जीत दिलाई। विश्व कप खिताब के बाद बेंसन एंड हेजेज विश्व चौम्पियनशिप ऑफ क्रिकेट की चमकदार ट्रॉफी सुनील गावस्कर के हाथ में थी। यह बात हमें बस में ही पता चल गयी थी। एक बड़ी जीत थी भ्रमण के कारण पूरा मज़ा नहीं आया तो महेंद्र खरे ने मुझसे कहा –सर से कहो इस मैच की रिकार्डिंग कालेज के सभी छात्र-छात्राओं को दिखाई जाए। मैंने कहा और शर्मा जी बस से उतरते हुए यह बात मान गये। आफिस से लगे हाल में 14 मार्च को मैच की रिकार्डिंग कालेज के सभी क्रिकेट प्रेमी छात्रों को रंगीन टीवी पर दिखाया गयी थी। क्रिकेट मैच को देखते हुए बड़ा मज़ा आ रहा था, रवि शास्त्री और के श्रीकांत की धुआंधार बेटिंग को देखते हुए धुआंधार जल प्रपात का चिंघाड़ता नाद स्टेडियम की तालियों में सुनाई दे रहा था। रनों की नर्मदा धार गतिमान थी। सरिता की धार सा बहता यह जीवन कब डेल्टा बनकर ठहर सा जाता है पता ही नहीं चलता। मैच खत्म हो जाता है और नर्मदा खंभात की खाड़ी में अस्त हो जाती है ठीक वैसी जैसे हमारे प्राण महाप्राण में मिल जाते हैं।

अंत में यह मेरा दोहा–

जबलपुर में नदी नर्मदा, धुआंधार प्रपात।

अमरकंटक हुई उदित, होय अस्त खंभात।

सौन्दर्य की रानी पचमढ़ी

यह बात नवम्बर 1985 कि हैं जब में फुटेरा वार्ड महाकाली चौराहे पर रहता था। पोस्ट आफिस से पत्र मिला जो शासकीय आदेश संयुक्त संचालक सागर का था। आदेशानुसार मेरी नियुक्ति शासकीय उच्चतर माध्यमिक विद्यालय कुम्हारी में कर दी गई थी। मुझे अधिक खुशी नहीं हुई क्योंकि मैं खुद में कालेज का प्रोफेसर देख रहा था, किन्तु नियति ही नियन्ता होती है। मुझे यह पता नहीं था कि कुम्हारी कहां है? यद्यपि एम ए फायनल में मेरा एक पेपर दमोह जिले के यातायात पर लघु शोध के रूप में था इसलिए यह पता था कि यह कटनी के रोड पर कहीं है। बस स्टैंड पर पता किया तो जो कटनी बस से अर्जुन नाम का दूधवाला उतरा तो उसने बताया बांदकपुर चौराहा पर कहीं मुड़ना नहीं सीधे चले जाना कुम्हारी मिल जायेगी। संज्ञा के भी लिंग होते हैं कहने को कुम्हारी संज्ञा है किन्तु वह स्त्रीलिंग को इंगित करती है। मैं अपनी टीव्हीएस मोपेड से महेंद्र खरे को साथ लेकर कुम्हारी ज्वाइन कर आया। उस समय कुम्हारी दमोह जिले का अंडमान निकोबार जैसा दूरस्थ क्षेत्र माना जाता था। घाटपिपरिया का पुल उस समय नहीं बना था। नदी के पानी के उथले भाग से मोपेड निकाली थी। बर्रट का पुल भी नहीं बना था वहां नौका से पार करना पड़ता था। बहरहाल नौकरी लग गई तो फुटेरा मुहल्ला में रहने वाले प्रो.संतोष कुमार तिवारी जी जो मेरे पिता तुल्य थे उनका आशीर्वाद लेने गया। वह खुश हुए। वह हिन्दी के एक अच्छे समीक्षक और सहृदय व्यक्ति थे। संतान नहीं थी तो मैं और अजय ठाकुर उनके दो पुत्रवत थे। उनकी धर्मपत्नी को हम दोनों मम्मी कहकर पुकारते थे। सप्ताह या हर पन्द्रह दिन में उनके घर जरूर जाते थे कभी चूक हुई तो मम्मी टोकती थी कि इतने दिन में आये।

तिवारी जी को मेरे परिवार के बारे में सब पता था। उन्हें यह भी पता था कि मेरी शादी हटा के मिडिल स्कूल में पढ़ते हुए कक्षा सातवीं में हो गई थी। दो साल बाद गौना हुआ मैं कक्षा नवमी पढ़ रहा था। पढ़ाई और साहित्य अध्ययन की ओर मेरा झुकाव था। गर्मी की छुट्टियों में सास बहु का कुछ विवाद था मैंने उसे मायके जाने को कहा तो उसने मना कर दिया। मेरा पुरुष अधिपति ग्रस्त मन क्रोधित हुआ और मार-पीट कर दी। उसका इकलौता बड़ा भाई जिसके पास उस समय दो नली बंदूक थी। वह आया और बटियागढ़ थाने में मेरे विरुद्ध अपराध दर्ज कराकर अपनी बहिन को साथ लेकर चला गया। यद्यपि मैं नाबालिग था, थानेदार डिसूजा थे, उन्होंने मुझे समझा बुझाकर छोड़ दिया। यह सब मेरे हित में इसलिए हुआ कि मुझे बचपन के दाम्पत्य जीवन से मुक्ति मिली और मैं अपनी शेष स्कूली शिक्षा और महाविद्यालय की शिक्षा में उच्चतम मानदंड बनाकर

सफल होता रहा।

पिता तुल्य संतोष तिवारी जी ने आदेशित किया कि अब या तो उसे ही ले आओ या वकील से सलाह लेकर नयी गृहस्थी बना लो। हम और अजय साथ थे। लगे हाथ किसी ने बताया श्रीवास्तव जी माशाब के छोटे भाई भगवती श्रीवास्तव अच्छे वकील है उनसे मिल लो। हम सागर नाका स्थित भगवती दादा के घर गये, उन्होंने सारी स्थिति समझी और बोले एक बार उसे लेने उसके गांव जाओ क्या होता है फिर मुझे बताना। दिसंबर में किसी शनिवार को हम मुहल्ले के लड़के को साथ लेकर केरबना के पास स्थित उनके गांव अचानक अपनी टीवीएस मोपेड से पहुंचे। रात रुके, टीका पटा सब हुआ। सुबह बात लुआवने की हुई तो उसके भाई ने यह कहकर मना कर दिया कि मेरी बहिन आपके गांव नहीं जायेगी चाहो तो दमोह ले जाओ। दमोह का कमरा बहुत छोटा था कुम्हारी मुख्यालय में रहना मज़बूरी थी इसलिए उसने साफ मना कर दिया। हम सुबह वापिस दमोह आ गये। भगवती दादा को सब बताया उन्होंने नोटिस बनवाने उमा मिस्त्री की तलैया पर निवासरत वर्मा वकील के पास भेजा। वर्मा वकील के पास टाइपराइटर था। नोटिस बना पोस्ट आफिस से भिजवाया और मैं कुम्हारी चला गया। अपनी उम्र से थोड़ा छोटे छात्र छात्राओं को पढ़ाने में व्यस्त मस्त हो गया। सब कुछ ठीक चल रहा था। पूर्व और वर्तमान छात्रों के साथ हम युवा शिक्षक क्रिकेट, वालीबाल, बेडमिंटन खेलते थे।

मेरी पहचान वीडियो वाले माशाब के रूप में स्थापित हो चुकी थी। मोपेड बिक गई। हीरो होंडा बाइक भी आ गई। क्षेत्र में व्यारमा पार एक ही स्कूल था। एक दिन ब्हालीवाल खेलकर बस स्टैण्ड पर मेरा चपरासी सुशील आया और एक पीनेवाले ने बेग बाबू को बस में बैठते समय तंग कर दिया था। मैं प्रभारी प्राचार्य था। वह पीनेवाले दबंग और मेरे मित्र जैसे ही थे। मैंने बुलवाया वह पिएं थे मैं सामान्य था मेरे अन्य शिक्षक साथी साथ थे। मैंने उससे पूछा मेरे बाबू को तंग क्यों किया? उसने तर्क सहित सही उत्तर दिये। चपरासी की नासमझी या विवेकहीनता से वह ना बतलाने वाला प्रसंग था। उसकी किसी हवा हवाई बात पर मुझे गुस्सा आया और घटना घट गई। इसलिए मदिरा का निषेध करना सिखाया जाता है आदमी बहक जाता है जुबान लड़खड़ा जाती है, किन्तु क्रोध का निषेध भी जरुरी है क्योंकि इसका अंत हमेशा पछतावा पर होता है। आनन फानन में हम सब थाने आये वह भी एक पाव और लगाकर थाने में सीधे थानेदार के आवास पहुंच गये। थानेदार उसको साथ लेकर आये, तो मुझे फिर क्रोध आया। उस समय मेरे मित्र मुझे एनएसटी का हिंदी करके मज़ाक में नष्ट कहते थे। बहरहाल थाने में पदस्थ सभी हवलदार और पुलिसकर्मी मित्र थे उन्होंने मुझे समझा बुझाकर घर भेज दिया। सुबह मामला सुलझने के बजाय बढ़ता देखकर मैं पहले

स्कूल गया वहां पत्र टाईप करवाया और थाने में एक प्रति देकर दमोह आ गया। पहले एसपी से मिला फिर जेडी सागर के पास चला गया सीधी चेंबर में बात की वह बोले क्या चाहते हो। मैंने कहा कुछ नहीं आपको सूचित करने आया था। यह भी स्वीकार किया कि मुझे क्रोध जल्दी और बहुत आता है यदि कुछ वहां प्रतिशोधत्मक कार्यवाही हुई तो मैं कुछ और बड़ी घटना कारित कर दूंगा। उनसे साफ शब्दों में कहा तो उन्होंने घंटी बजाकर बाबू बुलवाया और कहा अभी तत्काल एक आदेश बनाओ और इन्हें कुम्हारी से शासकीय उच्चतर माध्यमिक विद्यालय हिंडोरिया आसंजित कर दो। मैं दूसरे दिन अपने मित्र रमन तिवारी के साथ पूरी तैयारी से रिलीव होने कुम्हारी शाम को पहुंचा। रमन के जीजा मिश्रा जी कुम्हारी में हवलदार थे। जब हम सायं को अपनी बाईक हीरो होंडा से कुम्हारी पहुंचे तो वह शराबी मित्र वही स्टैंड पर मिल गये। उन्होंने गाड़ी रोकी मैं रुक गया। उन्होंने कहा सर मै आपके निवास फुटेरा वार्ड दमोह गया था आप नहीं मिले। मैंने कहा घर आओ रोड पर नहीं बैठकर बात करेंगे। फिर उन्होंने सब बताया कि एसपी के दबाव में मुझपर मामला दर्ज हो चुका है। मैंने उसे बताया कि मै सुबह हिंडोरिया जा रहा हूं। उसने रोका तो मैंने समझाया इससे तुम्हारा सम्मान बचेगा। कह देना मैंने ट्रांसफर करा दिया। उसे दुख हुआ मुझे पछ्तावा। नवंबर 1987–88 को मैं हिंडोरिया आसंजित हो गया। हिंडोरिया में मुख्यालय बन गया। मैंने कोर्ट में राजीनामा पत्र देकर उसे बचा लिया। एक दिन भाव सिंह नोहटा वाले हिंडोरिया आये और जबलपुर में पढी बीए कर चुकी अपनी साली रंजना सिंह का प्रस्ताव रखा मैंने कहा ठीक है लड़की देख लेते हैं। तब उन्होंने बताया कि पचमढ़ी में शिक्षक कांग्रेस का एक राष्ट्रीय सम्मेलन हो रहा है यह बात संभवतः अप्रैल मई 1988–89 की है। योजना बनाई और हमने सोचा चलो सतपुड़ा की रानी पचमढ़ी भी घूम लेंगे। पचमढ़ी से लौटकर जबलपुर में लड़की देखना तय हुआ। निर्धारित दिनांक को मैं भाव सिंह और भावसिंह जी के कुछ साथी शिक्षक जबलपुर पहुंचे। जबलपुर स्टेशन से पिपरिया और वहां से टैक्सी लेकर पचमढ़ी पहली बार पहुंच गए।

कार्यक्रम बड़ा था मप्र के मुख्यमंत्री और देश के प्रधानमंत्री राजीव गांधी कार्यक्रम में आने वाले थे। कार्यक्रम हुआ मप्र के मुख्यमंत्री ने शिक्षक हित में नया वेतनमान सहित शिक्षक हित में अनेक घोषणाएं कर दी। शिक्षक कांग्रेस का कार्यक्रम समाप्त हुआ हम लोग पचमढ़ी दर्शन को रुक गये।

पचमढ़ी समुद्र तल से 1067 मीटर की ऊँचाई पर स्थित है। सतपुड़ा श्रेणियों के बीच स्थित होने और अपने सुंदर स्थलों के कारण इसे सतपुड़ा की रानी भी कहा जाता है। यहाँ घने जंगल, कलकल करते जलप्रपात और तालाब हैं। सतपुड़ा राष्ट्रीय उद्यान का भाग होने के कारण यहाँ आसपास बहुत घने जंगल हैं। यहाँ के जंगलों में शेर, तेंदुआ, सांभर, चीतल, गौर, चिंकारा, भालू,

भैंसा तथा कई अन्य जंगली जानवर मिलते हैं । यहाँ की गुफाएँ पुरातात्विक महत्व की हैं, क्योंकि यहाँ गुफाओं में शैलचित्र भी मिले हैं । सतपुड़ा को राष्ट्रीय उद्यान 1981 में बनाया गया था जिसका क्षेत्रफल 524 वर्ग किलोमीटर है ।

सबसे पहले हम प्रियदर्शिनी प्वाइंट पहुंचे यह स्थान तीन शिखरों से घिरा है । बायीं तरफ चौरादेव, बीच में महादेव तथा दायीं ओर धूपगढ़ दिखाई देते हैं । इनमें धूपगढ़ सबसे ऊँची चोटी है ।

इसके बाद रजत प्रपात पहुंचे यह अप्सरा विहार से आधा किलोमीटर की दूरी पर स्थित है । 350 फुट की ऊँचाई से गिरता इसका जल एकदम दूधिया चाँदी की तरह दिखाई पड़ता है । हम राजेंद्र गिरि की पहाड़ी पहुंचे इस पहाड़ी का नाम राष्ट्रपति डॉ॰ राजेंद्र प्रसाद के नाम पर रखा गया है । सन 1953 में डॉ॰प्रसाद स्वास्थ्य लाभ के लिए यहाँ आकर रुके थे और उनके लिए यहाँ रविशंकर भवन बनवाया गया था । इस भवन के चारों ओर प्रकृति की असीम सुंदरता बिखरी पड़ी है । इसके बाद हम हांडी खोह देखने पहुंचे यह खाई पचमढ़ी की सबसे गहरी खाई है जो 300 फीट गहरी है । यह घने जंगलों से ढँकी है और यहाँ कल–कल बहते पानी की आवाज सुनना बहुत ही कर्णप्रिय लगता है । वनों के घनेपन के कारण जल दिखाई नहीं देता है । कुछ लोग इसे अंधी खोह भी कहते हैं जो अपने नाम को सार्थक करती है । यहाँ बने रेलिंग प्लेटफार्म से घाटी का नजारा बहुत सुंदर दिखता है । यहां पांडव गुफा देखने योग्य है । यह महाभारत काल की मानी जाती है इसमें कुल पाँच गुफाएँ हैं जिनमें द्रौपदी कोठरी और भीम कोठरी प्रमुख हैं । पुरातत्वविद मानते हैं कि ये गुफाएँ गुप्तकाल की हैं, जिन्हें बौद्ध भिक्षुओं ने बनवाया था ।

आगे चलने पर अप्सरा विहार मिलता है यह पांडव गुफाओं से आगे चलने पर 30 फीट गहरा एक ताल है जिसमें नहाने और तैरने का आनंद लिया जा सकता है । इसमें एक झरना आकर गिरता है । पचमढ़ी कभी ग्रीष्म ऋतु की राजधानी हुआ करती थी । यहां के घने जंगल देखकर भवानी प्रसाद मिश्र की वह कविता याद आती है ।

सतपुड़ा के घने जंगल, ऊंघते अनमने जंगल ।

धसो इनमें डर नहीं है, मौत का यह घर नहीं है ।

हमारा पचमढ़ी दर्शन पूरा हुआ तो हम जबलपुर आ गये । मैं फुटेरा वार्ड महाकाली चौराहे पर जहां रहता था उनकी बड़ी बेटी को मैं दीदी कहता था जिनके पति जयसिंह जीसीएफ फैक्ट्री में थे । मैं पहले भी दीदी के घर रुका स्टेशन से फैक्ट्री की कालोनी रात रुकने पहुंचा । दीदी जीजा को सब बताया । जीजा जी सुबह इ्युटी चले गए, दीदी के दो पुत्र थे सौरभ अंकुश । अंकुश छोटा था सौरभ चार पांच साल का । मैंने जीजा जी की स्कूटर ली सौरभ को साथ बैठाया और

भावसिंह जी के दिये पते महान अद्धा गुजराती धर्मशाला के पास विश्वनाथ सिंह सेवानिवृत्त डीएमआर मध्य रेलवे के आवास पर पहुंच गया।

भाव सिंह जी पहले ही इंतजार कर रहे थे लड़की के मामा जी विश्वनाथ सिंह जी से जब परिचय और चर्चा हुई तो मुझे बहुत ख़ुशी हुई। विश्वनाथ सिंह जी मूलतः चंडी चौपरा के हैं, उनके पिताजी प्यारे सिंह जी दमोह जिले में शिक्षक रहे। यह तीन भाईयों में बड़े थे मंझले फूड इंस्पेक्टर सागर में शिफ्ट थे, छोटे दशरथ सिंह चंडी चौपरा में ही शिक्षक थे, एक बहिन थी जो बेलखेड़ा मातनपुर में महराज सिंह मतलब कोठारी जी को ब्याही थी। रंजना सिंह कुठारी जी सजली पुत्री है। विश्वनाथ सिंह जी ने रेल्वे में ओवरसियर से नौकरी शुरू कर मध्य रेल्वे के सर्वोच्च पद डीएमआर तक पहुंचे थे। वह गायत्री परिवार से जुड़े थे, बहुत हंसते थे इसलिए उन्हें सब हंसना बावू भी कहते थे। विश्वनाथ सिंह जी के दो पुत्र थे विजय सिंह ईई विद्युत मंडल, छोटा दीपू भी कोयला खनन भारत सरकार में इंजीनियर थे। विश्वनाथ सिंह जी की बड़ी पुत्री वहीं थी जिनके दो छोटे छोटे पुत्र खेल रहे थे। उनके दामाद कमलेश जी भी उसी समय जबलपुर गुजरात से आये हुए थे। मैंने उन बच्चों को मजाक में बताया कि मैं पुलिस इंस्पेक्टर हूं ज्यादा उधम नहीं करना। वह बच्चे अंदर गये मां, मौसी और नानी को बता आए कि पुलिस इंस्पेक्टर आये हैं। रंजना सिंह नाश्ता लेकर आई साथ में उनकी दीदी मामा की पुत्री। रंजना सिंह से थोड़ी बातचीत हुई, लड़की देखने की रश्म पूरी हुई। मामा जी बहुत मिलनसार थे। पहली ही मुलाकात में वह मेरे और मैं उनका हो गया था। यद्यपि शादी टलती रही काफी बिलंब हुआ अंत में संयोग 22 मार्च 1991 को ऐसा बना की शादी गायत्री शक्तिपीठ जबलपुर से करना पड़ी और भांजी का कन्या दान भी मामा को लेना पड़ा।

उस समय तो हम वापिस बस से दमोह, दमोह से हिन्डोरिया आ गये। पचमढ़ी हमारे मध्यप्रदेश का मान और शान है। जिसने पचमढ़ी नहीं देखीं वह जल्दी जाने का प्लान तैयार कर लें।

पचमढ़ी से हम वापिस जरुर आ गये, किंतु पचमढ़ी अब भी हमारे भीतर बसी है। हम सब प्रकृति के पुत्र हैं। मां का अंश हमारे भीतर हमेशा रहता है। शायद इसलिए हम यायावर बनकर प्रकृति दर्शन के लिए देश विदेश एक कर देते हैं। मनुष्य जीवन खुद कामनाओं वासनाओं का घना जंगल है। कब कौन वासना बीज कहां उदित हो जाएं यह विधाता ही जान सकता है। पचमढ़ी के लिए एक दोहा में हम कह सकते हैं –

मन मुदित करें यह प्रकृति, देती है आनंद,
पचमढ़ी घाट घूमना, मिले खुशी सानंद।

हिमालय की पहली यात्रा

भारत सहित विश्व भर में जितने भी वलन की प्रक्रिया से नवीन पर्वत बने हैं, वह सब एक पर्वत ना होकर पर्वतों की श्रृंखलाएं है। उत्तर अमेरिका का राकीज दक्षिण अमेरिका में एंडीज अफ्रीका का ड्रेकेन्सवर्ग यूरोप के डिनारिक आल्प्स, पिरेनीज, पेनाइन्स तथा एशिया का हिमालय ऐसे ही पर्वत है। विश्व के सबसे ऊंचे पर्वत का श्रेय हिमालय को ही प्राप्त है। एशिया का यह हिमालय भारत के उत्तर में भारत चीन के बीच एक बड़ी दीवार की तरह खड़ा है। भारतीय हिमालय की बात की जाए तो यह लगभग 2500 किलोमीटर की लंबाई और 250 किलोमीटर की चौड़ाई में फैला है। भारत के 12 राज्यों की सीमाओं को हिमालय छूता है। हिमालय भारत की सतत वाहिनी सदा नीरा गंगा यमुना शतलज, रावी, व्यास, चिनाव, झेलम, गंडकी, सरयू, ब्रह्मपुत्र जैसी सैकड़ों जीवन दायिनी नदियों का उदगाता भी है। हिमालय प्रकृति के सौंदर्य वैभव से भरा हुआ है। मानव स्वभाव ही प्रकृति प्रेम का है, इसलिए मनुष्य को झरने, झील, नदियां, पर्वत हमेशा ही आकर्षित करते हैं। हिमालय की मेरी प्रथम यात्रा कैसे हुई यह सब अप्रत्याशित हुआ। मार्च 1991में मेरी शादी हुई थी और 10 फरवरी 1992 को प्रथम संतान के रूप में पुत्री दिव्या का जन्म हुआ। उस समय हिन्डोरिया हायर सेकेण्डरी स्कूल में भूगोल का शिक्षक था। जच्चा–बच्चा की देखभाल गांव रुसन्दें से आई मेरी माता जी कर रही थी किन्तु वह अधिक समय रुक नहीं सकती थी इसलिए श्रीमती रंजना सिंह के पिता जी पुत्री को अपने घर बेलखेड़ा ले गए। ग्रीष्म अवकाश में मेरे बड़े साढू भाई भाव सिंह नोहटा से दमोह में संपर्क हुआ तो उन्होंने बताया कि हरिद्वार में युग निर्माण योजना के संस्थापक श्रीराम शर्मा जी की पुण्यतिथि तिथि पर शांतिकुंज में एक वृहद आयोजन है। चूंकि मेरी मुलाकात 1980 में श्रीराम शर्मा जी से हटा में उस समय हुई थी जब वह हटा की शक्तिपीठ के भूमिपूजन के लिए हटा पधारे थे। मैं उस समय आदर्श शासकीय उच्चतर माध्यमिक विद्यालय हटा में ग्यारहवीं वोर्ड की कक्षा का छात्र था वह हटा स्कूल पधारे और एक सहज सरल व्यक्तित्व के उस गृहस्थ संन्यासी ने छात्रों को संबोधित करते हुए छात्र कर्मबोध पर व्याख्यान दिया था। अंत में उन्होंने ने कहा जो छात्र परीक्षा में प्रथम आना चाहते हैं वह मुलाकात कर सकते हैं, इस नाते मेरी उनसे रोचक मुलाकात हुई थी। हुआ यह था कि मैं साहित्य अनुशीलन कक्षा छठवीं से ही बजरिया स्थित लायब्रेरी में पहले से कर रहा था। मेरा विश्वास तंत्र मंत्र और चमत्कारी गुरुओं पर नहीं था। उस दिन श्रीराम शर्मा जी उन सबसे हटकर सरल सहज लगे थे इसलिए मैं स्टाफ रूम में उनसे मिलने गया था। जब मुलाकात हुई तो उन्होंने गायत्री मंत्र तीन या पांच बार पढ़कर दो घंटे सुबह दो

घंटे शाम को स्वाध्याय करने की विधि बतलाई। मैंने कहा – गुरुदेव चार घंटे का स्वाध्याय पांच घंटे का स्कूल में अध्ययन से तो कोई भी छात्र प्रथम आ जायेगा इसमें गायत्री मंत्र का चमत्कार कहां है? वह हंसने लगे। बोले समझ गया तूं प्रथम ही आयेगा।

बात हरिद्वार की चली तो मैं यात्रा के लिए संभवतः जून 1992 के प्रथम सप्ताह में देहली की ट्रेन में बैठकर बड़े भाई भाव सिंह, रामकुमार हायर सेकेण्डरी स्कूल के प्राचार्य हनुमंत सिंह, हनुमंत सिंह के समधी राव साहब गुंजी, ग्राम सेवक विनोद साहु जी, व्याख्याता हाकमसिंह जी तथा उनके ज्येष्ठ पुत्र देवेन्द्र सिंह पहले देहली पहुंचे। एक दिन देहली रुककर देहली दर्शन किया। देहली में लाल किला, हुमायूं का मकबरा, कुतुबमीनार चिड़िया घर, तथा दूर से खंडहर होता इन्द्र प्रस्थ का खंडहर होता किला देखा। सभी निर्माण अदभुत थे। देहली दर्शन पहली बार किया था, चांदनी चौक से एक तीन चार सौ रुपए का कैमरा भी खरीद लिया था। दूसरे दिन हरिद्वार के शांतिकुंज में दो दिवसीय आयोजन की पूर्व संध्या पर पहुंच गए। दूसरे दिन प्रातः स्नान कर आयोजन की सभी गतिविधियों में भाग लिया तथा सायंकाल हरिद्वार दर्शन को निकल जाते थे। अंतिम दिन दीक्षा कार्यक्रम था मैंने तब तक किसी भी गुरु से दीक्षा नहीं ली थी यहां सामूहिक दीक्षा संस्कार का बड़ा कार्यक्रम रखा गया था। मैंने किसी से जिज्ञासा वश पूछ लिया जब गुरु जी नहीं है तो दीक्षा कौन कैसे देंगे? उन्होंने समझाया गुरु जी स्थूल रूप में नहीं हैं तो क्या हुआ उनका सूक्ष्म रूप आपको दीक्षित करेगा। मेरी श्रीराम शर्मा जी के सरल सहज व्यक्तित्व में आस्था 1980 में ही की हटा मुलाकात के समय हो चुकी थी। 1981 की 11वी वोर्ड परीक्षा में मेरे कला संकाय में सर्वाधिक अंक थे। पीजी कालेज दमोह से जब बीए फाइनल 1984 में किया तो कालेज के कला संकाय में सर्वाधिक अंक मिल चुके थे। 1986 एम ए भूगोल हरिसिंह गौर विश्वविद्यालय की मेरिट लिस्ट में सर्वाधिक अंक होते हुए भी मेरिट लिस्ट में द्वितीय क्रम इसलिए मिला कि उस सूची में एक टीप लिखी थी कि एम ए प्रवीयस में पुनः मूल्यांकन में प्राप्त अंक को घटाकर मेरिट लिस्ट बनाई गई है। मैंने प्रीवियस के एक पेपर का पुनः मूल्यांकन कराया था जिसमें आठ अंकों की वृद्धि हुई थी, वह अंक पता नहीं मेरिट में क्यों मान्य नहीं हुए। श्रीराम शर्मा जी का आशीष कथन फलित हो रहा था मैंने खुशी से हजारों लोगों के साथ उस दीक्षा कार्यक्रम में भाग लिया और सूक्ष्म रूप वाले श्रीराम शर्मा जी मेरे गुरु बन गए।

उसी रात आवास कक्ष में रात्रि विश्राम के बाद दमोह से हम लोगों के साथ गये सभी सात आठ बंधुओं में मंत्रणा हुई कि वापिस दमोह चलना कि हिमालय में केदारनाथ और बद्रीनाथ चलें। सात आठ सदस्यों की हमारी टोली में दो सदस्य कह रहे थे हमने दो दिन संयम कर लिया मदिरापान

से अब शायद ना कर पाए इसलिए हमें वापिस जाना चाहिए, तब उन्हें समझाया कि आपका मन करें तो वहां भी मिल जायेगी अब आश्रम के अनुशासन में भी नहीं रहना होगा इसलिए साथ चलें। वह तैयार हो गये और हम लोग बस से अगली सुबह ऋषिकेश पहुंच गये। ऋषिकेश दर्शन करके सुखानुभूति हुई पहली बार लक्ष्मण झूला आर पार किया। दिन भर ऋषिकेश दर्शन कर दो धाम जानेवाली बस का रिजर्वेशन किया अगले दिन सुबह यात्रा शुरू हुई और हिमालय में प्रवेश करते गये।एक तरफ ऊंचा पहाड़ एक तरफ गहरी खाई जिसमें गंगा जी अलग-अलग नामों से प्रवाहित होती हैं। मुझे स्मरण आया कि मेरे हलगज मुंडारी के छोटे फूफा गिरधारी सिंह यही कहीं बस खाई में गिरने से स्वर्ग वासी हुए होंगे। यह घटना लगभग दस वर्ष पहले घट चुकी थी , गांव खबर पहुंची थी कि चारधाम यात्रा में बस खाई में घिरने से फूफाजी सहित सभी यात्रियों की मौत हो गई थी। सच तो यह था जब मैं बस से खाई की ओर देखता था तो भयभीत सा हो जाता था। जैसे तैसे शाम हुई और बस काली कमली वाले बाबा की वोर्ड लगी धर्मशाला में रुकी। हिमालय में शाम के बाद यात्रा को रोक दिया जाता है, बस ड्राईवर को सब पता रहता है कब कहां रुकना है। न्यूनतम शुल्क में हिमालय के यात्रियों को धर्मशालाएं मिल जाती है, विश्राम की व्यवस्था अच्छी रहती है, कंबल गद्दा पलंग उपलब्ध रहते हैं, भोजन स्वयं बनाओ या भोजनालय में सस्ते दर पर उपलब्ध रहता है। हिमालय की सुरम्य वादियों और ऊंचे शिखरों की ओर दूसरे दिन बस रवाना हुई तो रास्ते में हमने उन वनों के वृक्षों को भी देखा जो भूगोल में पढ़ें और पढ़ाते रहे कि हिमालय में विश्व के सभी वनों के प्रकार वाले वृक्ष मिलते हैं। अमेरिका, कनाडा और यूरोप के उत्तरी भाग के उच्च अक्षांशो पर पाये जाने वाले वनों के वृक्ष चीड़ , पाम, और धुरवीय क्षेत्र के शंकुधारी वृक्ष भी यहां देखने मिल रहे थे। हमारी बस गौरीकुंड पहुंच चुकी थी। रात्रि विश्राम के पहले ही आगामी दिवस का कार्यक्रम बता दिया गया था। सुबह हम लोगों ने जल्दी उठकर गौरीकुंड में स्नान किया। यहां गर्म जल रहता है। यह वही कुंड है जिसके बारे श्रुति है कि यही पर जब पार्वती जी स्नान कर रही थी बाहर प्रहरी बनकर गौरी पुत्र गणेश जी खड़े हुए थे। शंकर जी ने गणेश जी से कहा मेरा अभी कुंड में जाना जरूरी है किन्तु गणेशजी नहीं माने तो पिता पुत्र का युद्ध हुआ और वहां से कुछ दूरी पर शंकर जी ने गणेश जी का सिर धड़ से अलग कर दिया। जब यह बात गौरी को पता चली तो शंकर जी का क्रोध शांत हुआ और बाल गणेश जी के सिर पर छोटे हाथी का सिर काट कर अधिरोपित किया। स्नान करके हम लोगों ने गौरी कुंड से पैदल लगभग 13 किलोमीटर की ऊंचाई पर चढ़ना चलना शुरू किया। हमारे आगे पीछे दो खच्चर वाले भी चल रहें थे। चढ़ाई पथ पर जगह जगह विश्राम के लिए चट्टियां बनी हुई थी जो होटलनुमा थी लोग सुस्ताने के लिए बैठकर चाय पानी

पीते थे। पहली चट्टी के बाद ही हम में से दो सज्जन थक चुके थे। खच्चर वालों से मोलभाव किया तो कुछ ज्यादा पैसे उन्होंने मांगे और इन्होंने दिये। खच्चर वाले अनुभवी होते हैं वह नीचे ही टोली देखकर समझ जाते कौन कितने ऊपर चढ़ पायेगा। बाकी हम लोग चढ़ते गये। जैसे ही राह में पहला ग्लेशियर मिला, मेरी खुशी का ठिकाना ना रहा मैंने कैमरा निकाला देवेन्द्र से कहा फोटो खींचो। यह वही ग्लेशियर है जिसे हिमनद कहते हैं। उपर से नीचे धीरे धीरे खिसकते है। चौबीस घंटे में डेढ़ दो मीटर ही खिसक पाते हैं। यात्री उसी बर्फ पर पैर रखकर आगे बढ़ जाते हैं। जहां ग्लेशियर पिघल रहा था मैंने उतरकर वहां उस जल को छुआ जो ठंडा था। थोड़ा आसपास देखा तो झाड़ी में एक मृतक शरीर था थोड़ा डर लगा और चट्टानों के सहारे उपर रास्ते में आकर फिर चढ़ाई चढ़ने लगे। थोड़ी दूर फिर दूसरा ग्लेशियर मिला। थोड़ा रुका लुढिया लेकर चिन्ह लगाया ऊपर की ओर ताकि कल जब लौटूंगा तो देखूंगा कितना खिसका ग्लेशियर। सायंकाल होते–होते जब केदारनाथ जी का मंदिर समीप आया तो पानी बरसने लगा। हम सभी लोग भीग गए।

केदारधाम में घुसने से पहले ही दमोह के पंडा के शिष्य हमें लेने आ गए। अब हम केदारनाथ के मंदिर के पास खड़े थे।

श्रीकेदारनाथ का मंदिर 3593 मीटर की ऊँचाई पर बना हुआ एक भव्य एवं विशाल मंदिर है। इतनी ऊँचाई पर इस मंदिर को कैसे बनाया गया, इस बारे में आज भी पूर्ण सत्य ज्ञात नहीं हैं। श्रुति है कि सतयुग में शासन करने वाले राजा केदार के नाम पर इस स्थान का नाम केदार पड़ा। राजा केदार का सात महाद्वीपों पर शासन और वे एक बहुत पुण्यात्मा राजा थे। उनकी एक पुत्री दो पुत्र थे। पुत्रका नाम कार्तिकेय (मोहन्याल) व गणेश था। गणेश बुद्धि व कार्तिकेय (मोहन्याल) शक्ति के राजा देवता के रुप मे प्रसिद्ध है। उनकी एक पुत्री थी वृंदा जो देवी लक्ष्मी की एक आशिक अवतार थी। वृंदा ने 60, 000 वर्षों तक तपस्या की थी। वृंदा के नाम पर ही इस स्थान को वृंदावन भी कहा जाता है।

पंडा का अपनापन वा स्वभाव और हाव–भाव देखकर मैं विस्मित था। इतना अपना जैसे बहुत दिनों बाद नजदीकी रिश्तेदार आये हों। जून में भी वहां ठंड लगती है इसलिए कंबल रजाई की व्यवस्था पंडा ने कर दी थी। मैंने ऐसी कठिन चढ़ाई जीवन में पहली बार चढ़ी थी भीग भी गया था इसलिए बुखार आ गया था। पंडा ने दवा दी जो खाकर सो गया। रात्रि में पंडा ने बताया था सभी जल्दी उठकर मंदिर की पंक्ति में आगे लग जाना। सुबह हुई पता नहीं कब सब साथी स्नान कर मंदिर लाईन में लगने चले गए। मैं जब उठा तो साढ़े आठ बज रहे थे। जल्दी नहाया और मंदिर की बहुत लंबी पंक्ति में पीछे लग गया था। पंडा और कार्यकर्ताओं को बिना पंक्ति आने जाने मिलता था

मुझे दर्शन दुर्लभ इसलिए हो गये थे कि आज ही तीन के पहले बस तक नीचे पहुंचने के निर्देश थे। बस अन्यत्र गंतव्य पर विश्राम करेगी। मैं किंकर्तव्यविमूढ़ था इतनी दूर आकर दर्शन ना करूं यह बड़ी पीड़ा थी। उस समय व्ही आई पी दर्शन व्यवस्था नहीं थी। तभी पंडा अंदर से मुझे ढूंढता आया और कान में अंदर घुसने का सूत्र बताया। मुझे एक्टिंग का शौक तो बचपन से ही था। मैं पंक्ति से निकल गया थोड़ा आगे जाकर पंक्ति बद्ध लोगों को ''धक्का मुक्की नहीं करें'', ''आराम आराम से आगे बढ़ते रहे'', के निर्देश देते हुए आगे बढ़ता गया आठ दस मिनट में पहुंचते ही पंडा मुस्कारा कर मंदिर के अंदर ले गया। विधि विधान से पूजा पाठ और दर्शन हुए। पंडा ने किसी भी विधान या पूजा पाठ में पैसे नहीं मांगे। जब दस बजे वापिस होने लगें तो पंडा ने सबसे कहा- यहां आते आते पैसे खर्च हो जाते हैं अभी और खर्च होंगे, इसलिए निसंकोच होकर पैसे मुझसे ले लें। जब मैं आपके गांव आऊंगा तब लौटा देना। मैंने इलाहाबाद के पंडो के बारे जो सुना था यहां उल्टा हो रहा था। मुझे तब लगा यही देवधाम है। मनुष्यों में भी देवत्व है। मेरी आस्था यहां आकर जाग रही थी। पंडा के रूप में अपने दादा गुलाब सिंह का पुनर्जन्म देख रहा था। अपरिचितों से ऐसा स्नेह और अपनापन पहली बार देखा। जहां हम थे उसके ऊपर जो शिखर दिख रहें थे उनके बीच में मानसरोवर झील थी जिसमें सुना है देवता स्नान आज भी करते हैं। जब चढ़ाई उतर रहे थे तब चर्चा चल रही थी यही तक पांच पांडव महाभारत युद्ध के बाद आए थे, युद्ध में हुई हत्याओं का पाप निवारण करने शिव शंकर के दर्शन करने से यह निवारण संभव था ऐसा उन्हें कहा गया था किन्तु शिव जी को यह मंजूर नहीं था इसलिए वह रूप बदलकर भैंसा बन गये थे, यह बात धर्मराज युधिष्ठिर समझ गये, इसलिए उन्होंने जब बहुत से भैंस भैंसा उपर से नीचे आ रहे थे तो भीम से कहा दो शिखरों पर दोनों पैर फैलाकर खड़े हो जाओ शिव यदि भैंसा रूप में है तो वह नीचे से नहीं निकलेंगे। यही हुआ एक भैंसा उल्टा मुड़कर पुनः शिखर की ओर भागा भीम ने पीछे दौड़कर पूछ पकड़ ली भैंसा कैलाश पर्वत में घुस गया यह पूंछ ही केदारनाथ रूप में है, पर्वत के उस पार नेपाल में भैंसा का मुख है जो पशुपति नाथ के रूप में पूजे जाते हैं। केदारनाथ बारह ज्योतिर्लिंग में से एक है, ऐसी चर्चा भी हो रही थी। स्वर्गरोहण के पहले पांडव के चार भाई प्राण त्याग चुके थे अकेले सिर्फ धर्मराज युधिष्ठिर ही बचें थे जिन्होंने अपने कुत्ते के साथ पास के शिखर से स्वर्गरोहण किया था। यह चर्चा भी हो रही थी।

एक दक्षिण भारतीय साथ चल चल रहा था पिछले दो धाम कर इस तीसरे देवधाम से साथ लौट रहा था अपनी टूटी-फूटी हिंदी में बता रहा था यहां बहुत ओनेस्टी है प्युपल में गौमुख जाते वक्त वह एक दुकान दार के यहां अपना बैग भूल गया था जिसमें पचास हजार रुपया रखा था जब

लौटा तो दुकानदार ने लौटाया और कहा रुपया गिन लो पूरे पचास हजार है कि नहीं। यह मानवीय मूल्यों की आस्था का अनुपम उदाहरण था। हम लोग चौथे दिन ज्योतिर्मठ की धर्मशाला में रुके अगले दिन सुबह बद्रीनाथ धाम के दर्शन होने वाले थे। यह वही ज्योति मठ था जो आदि शंकराचार्य जी ने लगभग डेढ़ हजार वर्ष पहले स्थापित किया था।

सुबह जब बद्रीनाथ की चढ़ाई बस चढ़ रही थी तो सुनहरी धूप द्रोणागिरि पर्वत के वर्फ से टकराकर स्वर्ण जैसी चमक रही थी, यह दृश्य मनोहर था। यह वही पर्वत था जहां से पवनसुत लक्ष्मण जी के लिए संजीवनी लेकर गये थे। ऐसा तुलसीदास जी की रामचरितमानस में लिखा है। उसी चढ़ाई पर एक वोर्ड लगा था- ''फूलों की घाटी'' उस रोड पर सिक्ख समुदाय के लोग जा रहे थे। कुछ समय बाद बस बद्रीधाम पहुंची। वहां पर खड़े होकर फिर से सुनहरे बर्फ का वह दृश्य देखा और कैमरे में कैद किया।

बद्रीनाथ गन्दिर में हमारे हिन्दू धर्म के देवता विष्णु के एक रूप ''बद्रीनारायण'' की पूजा होती है। यहाँ उनकी 1 मीटर (3.3 फीट) लंबी शालिग्राम से निर्मित मूर्ति है जिसके बारे में मान्यता है कि इसे आदि शंकराचार्य ने 8 वीं शताब्दी में समीपस्थ नारद कुण्ड से निकालकर स्थापित किया था। इस मूर्ति को कई हिंदुओं द्वारा विष्णु के आठ स्वयं व्यक्त क्षेत्रों (स्वयं प्रकट हुई प्रतिमाओं) में से एक माना जाता है। इस मंदिर में ''रावल'' कहे जाने वाले यहाँ के मुख्य पुजारी दक्षिण भारत के केरल राज्य के नम्बूदरी सम्प्रदाय के ब्राह्मण होते हैं।

बद्रीनाथ जी के दर्शन किये। मंदिर के पास ही लौटते समय एक कुंड था जहां पंडा ने बताया यहां जीते जी पिंडदान होता है और अगली पिछली सात पीढ़ियां तर जाती है शुल्क की कोई शर्त नहीं थी, मैंने खुद का और अगली पिछली पीढ़ियों का पिंडदान कर दिया इस संकल्प के साथ कि मेरे बच्चे अब इलाहाबाद नहीं जायेंगे। मेरी अस्थियों का विसर्जन और क्रियाकलाप मेरी सुनार नदी में ही करेंगे। जब मेरी माता जी का निधन उनकी 82 साल की उम्र में 17 सितम्बर 2011 में हुआ तो मैंने पिता जी को इलाहाबाद जाने से रोका लेकिन वह नहीं मानें, तथा चौदह माह बाद नवंबर 2013 में जब पिता मानसिंह जी का स्वस्थ अवस्था में बातें करते करते निधन हुआ तो बड़े भाई डालसिंह भी इलाहाबाद जाने से नहीं माने।

हम आठ लोग हिमालय के विराट स्वरूप के दर्शन करके जब लौटे तो वह दो सदस्य भी हतप्रभ इस बात से थे कि वह दुर्गत जो लगी थी वह पूर्णतः शांत रही पांच दिवस की यात्रा में उस तरफ ख्याल ही नहीं गया। मैं जब लौट रहा था तो अधिक खुश इसलिए भी था कि कालेज समय में भले ही भौगोलिक भ्रमण हिमालय का ना हुआ हो, शिक्षक के रूप में ही सही भौगोलिक भ्रमण

के साथ धार्मिक यात्रा हो गई। मैं दोहरा लाभ महसूस कर रहा था। मन ही मन संकल्प लिया जब भी अवसर मिलेगा कभी हिमालय यात्रा को मना नहीं करूंगा। कभी यह एक शेर पढ़ा था वह याद आ गया–

सैर कर दुनिया की गाफिल जिंदगानी फिर कहाँ
जिंदगी गर कुछ रही तो ये जवानी फिर कहाँ।।

अनुस्थापन पाठ्यक्रम प्रशिक्षण, न्यू देहली

प्रशिक्षण व्यक्ति और व्यक्तित्व को सुधारते और निखराते हैं। अनुस्थापन को ओरीएंटेशन कहते हैं। मेरा तो यह मानना है सारा जीवन ही ओरीएंटेड है। खासकर शिक्षक को हमेशा ओरीएंट रहने की जरूरत है क्योंकि उसके हाथ में देश की भावी पीढ़ी का भविष्य रहता है। जो सीखेगा, वही सिखायेगा। मुझे याद है महाविद्यालय की शिक्षा में जब कभी राष्ट्रीय सेवा योजना का कैम्प लगता था मैं हमेशा आगे रहता था। मेरा चयन भूगोल व्याख्याता पद पर जब मेरिट आधार पर लोकशिक्षण संचनालय भोपाल से हुआ था। पदांकन संयुक्त संचालक सागर को करना था। मैं तब शासकीय उच्चतर माध्यमिक विद्यालय कुम्हारी में उच्च श्रेणी शिक्षक था। मैंने अपनी मन पसन्द जगह जहां मैं खुद पढ़ता रहा शासकीय आदर्श उच्चतर माध्यमिक विद्यालय हटा संयुक्त संचालक सागर से मांगा और पदांकन हटा का मिल गया। मैं 29 अगस्त 1992 को जब हटा ज्वाइन करने पहुंचा तो वहां मेरे भूगोल के ही सर मेहता जी प्राचार्य के रूप में थे। मैंने उनके चरणस्पर्श कर अपनी ज्वानिंग का पत्र दिया। उन्होंने कहा बेटा– मैं आपको ज्वाइन इसलिए नहीं करा सकता क्योंकि मेरे प्राचार्य बनने के बाद मैंने कला संकाय में भूगोल बंद कर इतिहास शुरू कर दिया है। मैंने कहा सर एक साल की बात है मैं अभी इतिहास और हिंदी पढ़ाऊंगा जून में बोर्ड को पत्र लिख देना भूगोल जुलाई में शुरू कर देंगे। मुझे यह भी याद आ गया एसपी अग्रवाल जी मुझे उस समय नागरिक शास्त्र पढ़ाते थे। भूगोल और अर्थशास्त्र मेहता जी ही पढ़ाते थे। अग्रवाल जी मुझे बहुत चाहते थे उनके विषय में मेरे सर्वाधिक अंक आते थे, एक दिन वह बोले बेटा क्या बनना चाहते। मैंने कहा –शिक्षक। वह बोले बेटा– ''कालेज के प्रोफेसर या हायर सेकेण्डरी में कम से कम व्याख्याता बनने की कोशिश करना और सुनो कालेज में राजनीति विषय की जगह भूगोल लेना।''

मुझे आश्चर्य हुआ राजनीति शास्त्र का विषय शिक्षक भूगोल की बात कह रहे हैं। मैंने कारण पूछा तो उन्होंने समझाया भूगोल एक विज्ञान है यह विश्व भर की जानकारी देता है। वह मुझे बहुत स्नेह करते थे। मैंने ऐसा ही किया।

यहां बात उल्टी हो गई इतने महत्वपूर्ण विषय को विषय शिक्षक ने ही पाठ्यक्रम में बंद कर दिया। मेहता जी अंत में एक शर्त रखकर मान गए कि मैं एक पत्र लिखकर यथा स्थिति से परिचित कराने संयुक्त संचालक सागर को लिख रहा हूं वह कहेंगे तो ज्वाइन करा लूंगा।

मैं पत्र लेकर अपनी हीरो होंडा बाइक से सागर गया और सीधे संयुक्त संचालक से बात की

तो संयुक्त संचालक ने कहा भूगोल तो अभी भी खोला जा सकता है उस समय ग्यारहवीं से शुरू कर सकते हैं लेकिन क्यों झंझट में पड़ते हो दूसरा सुविधा जनक स्कूल का नाम बताओ। दमोह आदर्श उच्चतर माध्यमिक विद्यालय में उस समय सोलंकी सर थे उनकी पुत्री नमिता सोलंकी पीजी कॉलेज में साथ पढ़ी थी इसलिए पता था तो मैंने हिन्डोरिया कहा उन्होंने संशोधित आदेश मुझे पकड़ा दिया हिंडोरिया ज्वाइन कर लिया।

केन्द्रीय सांस्कृतिक स्त्रोत एवं प्रशिक्षण केन्द्र नई देहली से अनुस्थापन पाठ्यक्रम के पैंतीस दिवसीय प्रशिक्षण के लिए पता नहीं मेरा नाम कैसे आया। मैं खुश था। अपना होलडाल बांधकर ट्रैन में रात को बैठा और दो नवंबर 1993 को भगवान दास रोड पर स्थित बहावल हाउस देहली में सुबह पहुंच गया। जब सायं तक देश के हर राज्य से दो दो तीन तीन शिक्षक उपस्थित हो गये तो बस द्वारा हमें यमुना पार की कालोनी में बने एक बड़े से मकान में ठहराया गया था। प्रशिक्षण लेने वालों की संख्या 60-70 रही होगी। मेरा देहली आना दूसरी बार हुआ था।

सुबह से नहा-धोकर प्रशिक्षण स्थल पर ले जाने के लिए संस्थान की बस उपलब्ध रहती थी। चाय से लेकर भोजन नाश्ता की सभी व्यवस्थाएं संस्थान की तरफ से ठीक थी। प्रशिक्षण का समय सुबह 10 बजे से सायं 5 बजे तक था। पहले दिन सप्ताहिक समय सारणी डायरी में नोट कर ली थीं। दो दो घंटे के कालखंड होते थे टी ब्रेक लंच ब्रेक भी होते थे।

केन्द्रीय सांस्कृतिक स्त्रोत एवं प्रशिक्षण संस्थान एशिया महाद्वीप का सबसे बड़ा सांस्कृतिक स्त्रोत संस्थान था। हमें गर्व था यहां हम 35 दिन रुककर प्रशिक्षण लेंगे।

यहां पर राष्ट्रीय नाट्य विद्यालय भी था नाट्य मंच का वह हाल भी था जहां पर जयशंकर प्रसाद के बहुत से नाटकों का मंचन हुआ। सुना था रघुवीर यादव इसी नाट्य विद्यालय से निकलकर बॉलीवुड पहुंचे। अभिनय के कालखंडों में संवाद उच्चारण, शब्द शुद्धि, शब्द भाव भंगिमा के साथ बोलना इत्यादि सिखाया गया। अभिनय कला के सूत्र इसलिए सिखाएं गये ताकि प्रशिक्षणार्थी अपने होनहार छात्रों का मार्गदर्शन कर सके। मुझे याद है वहां से लौटकर मेरी रुचि राजीव अयाची के कला क्षेत्र में बढ़ गई थी, उनकी मदद से शासकीय उत्कृष्ट विद्यालय दमोह के वार्षिक उत्सव में एक नाटक की प्रस्तुति जरूर रखता था, युवा संसद का प्रभावी मंचन भी कराया गया। बृजेन्द्र राठौर जैसे छात्र उभरकर सामने आये। मैं खुद एक अच्छे उद्घोषक के रूप में विकसित हुआ।

प्रशिक्षण में भारतीय शिल्प एवं पुरातत्व भी शामिल था मुझे वहां पता चला कि मकान बनाने का वर्तमान पिलर सिस्टम यूरोपीय शिल्प ना होकर भारतीय ही है। यूरोप वासी भारत से यह शिल्प

लेकर गये। वहां बताया गया कि उत्तर काशी के बड़े भूकम्प के बाबजूद कुतुबमीनार इसलिए सुरक्षित है कि कुतुबमीनार के आधार में 17 से अधिक पत्थरों के पिलर है जो बहुत मोटी जंजीरो से आपस में बांधे गए हैं। इसी प्रकार जब अंग्रेजों ने यमुना के पास नहर खोदकर ताजमहल जहाज द्वारा इंग्लैंड ले जाने की योजना बनाई तो उन्हें पता चला कि ताजमहल जितना ऊपर है उससे बड़ा बेस ताजमहल के नीचे है। ताजमहल में नीचे 21 से अधिक पिलर है जो जंजीरों से बंधे हैं। साथ ही पिलर के साथ वाटर टैंक है जो ताजमहल के तापमान को संतुलित रखता है जिससे संगमरमर का पत्थर साबित है।

मुझे याद है एक प्रोफेसर ने तीन चार दिन भारतीय पुरातन संस्कृति और आधुनिक संस्कृति पर व्याख्यान दिया था वह समझा रहे थे कि मप्र-छग और महाराष्ट्र के विवाह संस्था या युवा संस्कार संस्था के रूप में घोटुल होते हैं। अलग-अलग वनांचल क्षेत्रों में घोटुल सम्बन्धी परम्पराओं में अन्तर होता है। कुछ में जवान लड़के-लड़कियां घोटुल में ही सोते हैं तो कुछ में वे दिन भर वहां रहकर रात को अपने-अपने घरों में सोने जाते हैं। कुछ में नौजवान लड़के-लड़कियां आपस में मिलकर जीवन-साथी चुनते हैं। हालांकि यह परम्परा अब धीरे-धीरे कम हो रही है। घोटुल में उस जाति से सम्बन्धित आस्थाएं, नाच-संगीत, कला और कहानियां भी बताई जाती हैं।

घोटुल, गांव के किनारे बांस या मिट्टी की बनी झोंपड़ी होती है। घोटुल को सुन्दर बनाने के लिए उसकी दीवारों में रंगरोगन करके उस पर चित्रकारी भी की जाती है। कई बार घोटुल में दीवारों की जगह खुला मंडप होता है।

यह परम्परा इस जनजाति के किशोरों को शिक्षा देने के उद्देश्य से शुरू किया गया अनूठा अभियान है। इसमें दिन में बच्चे शिक्षा से लेकर घर गृहस्थी तक के पाठ पढ़ते हैं तो शाम के समय मनोरंजन और रात के समय आनन्द लिया जाता है। मुरिया बच्चे जैसे ही 10 साल के होते है घोटुल के सदस्य बन जाते हैं। घोटुल में शामिल लड़कियों को ''मोतियारी'' और लड़कों को ''चेलिक'' कहते हैं। लड़कियों के प्रमुख को ''बेलोसा'' और लड़कों के प्रमुख को ''सरदार'' कहते हैं। घोटुल में व्यस्कों की भूमिका केवल सलाहकार की होती है, जो बच्चों को सफाई, अनुशासन व सामुदायिक सेवा के महत्व से परिचित करवाते हैं। घोटुल में किशोर-किशोरियां के अलावा केवल उनके शिक्षक ही प्रवेश कर सकते हैं। घोटुल की इस विवाह व्यवस्था को विदेशी सैलानी भी देखने आते हैं।

इस परंपरा को बताने का यह उद्देश्य था कि उन घोटुल में युवा युवतियों में संयम और संस्कार इतने मजबूत रहते हैं कि शादी पूर्व यौन संबंध नहीं बनते और ना ही कभी गर्भपात कराने की नौबत

आती है। दूसरी ओर हमारी शिक्षित देहली की बात की जाय तो हर अस्पताल में रोज सैकड़ों गर्भपात वैध अवैध तरीकों से होते हैं। हम शिक्षित होकर भी मूर्ख है और वह अशिक्षित होकर भी समझदार है। नूतन पुरातन का यह अंतर बड़े संजीदा होकर उस विद्वान ने हमें समझाया था।

अनुस्थापन पाठ्य प्रशिक्षण में भारतीय नृत्यों को भी रखा गया भारतीय संगीत भी शामिल था।

नृत्य अभिव्यक्ति का एक बोलता हुआ माध्यम है। शास्त्रीय और पारंपरिक नृत्य से लेकर लोकनृत्य और आदिवासियों के नृत्य तक, भारत में नृत्य के कई प्रकार प्रचलित हैं। इनमें से 8 प्रकार कुछ ज्यादा ही जाने पहचाने हैं, जो पौराणिक और धार्मिक इतिहास में डूबे हुए हैं और हिन्दू नाट्य शास्त्र में उन की चर्चा की गई है। यह नृत्य के प्रकार हैं, भरत नाट्यम (तमिल नाडु), सत्रीया (असम), मणिपुरी (मणिपुर), कथकली (उत्तरी और पश्चिमी भारत), ओडिसी (उड़ीसा), कुचीपुड़ी (आंध्रप्रदेश और तेलंगाना), कथकलीली तथा मोहिनी अट्टम (केरल)।

बिरजू महाराज जैसे ख्यातिलब्ध हमारा कालखंड लेने आये तो बड़े सहज भाव से नृत्य मुद्राएं समझाते गये। हमारे उठने बैठने चलने या खड़े रहने की मुद्राएं कैसी होती है कैसी होना चाहिए इनके जीवन और स्वास्थ्य पर क्या असर पड़ता है। नृत्य क्यों जरूरी है बड़े ही अच्छे ढंग से समझाया। कथक उत्तर भारत का नृत्य है, दक्षिण भारत में कथकली नृत्य समझाने कोई दूसरे नर्तक पधारें थे।

इसी प्रकार भारतीय संगीत के दो प्रकार प्रचलित है। प्रथम कर्नाटक संगीत, जो दक्षिण भारतीय राज्यों में प्रचलित है और हिन्दुस्तानी संगीत शेष भारत में लोकप्रिय है।

शेष भारत का संगीत घरानों में बंट कर विकसित हुआ है।

भारतवर्ष की सारी सभ्यताओं में संगीत का बड़ा महत्व रहा है।

प्रशिक्षण शनैः – शनैः समापन की ओर जा रहा था हम लोग सायं के वक्त अक्सर अपनी टोलियां बनाकर देहली को देखने निकल जाते थे। एक दिन पूरा करोल बाग और उसकी मंहगी बड़ी बड़ी कपड़ों और ज्वेलरी की दुकानें घूमते तो दूसरे दिन कनाट प्लेस चले जाते कनाट प्लेस प्रशिक्षण स्थल के पास ही था। कनाट प्लेस का भूमिगत बना हुआ पालिका बाजार बड़ा आकर्षण का केंद्र था। हम लोगों को पहले ही बता दिया गया था कि एक दिन संस्थान की बसों से देहली दर्शन कराया जायेगा। इसलिए हम लोगों ने लगभग सभी बाजार घूम लिये। चांदनी चौक की रात में चमकती दुकानें जो फुटपाथ पर या बंद हुई दुकान के सामने लगती थी बहुत सस्ता समान वहां तब भी मिलता था और आज भी। गांधी मार्केट थोड़ा दूर था जहां थोक मूल्य में तीन पीस खरीदने पर सामग्री मिलती थी। दिल्ली तीस दिन बाद दमोह जैसी परिचित हो गई थी। एक महानगर

भीमकाय नगर देश की राजधानी संसद भवन कमानिया गेट शहीद स्मारक आई टी चौराहा। प्रगति मैदान सब कुछ घूम लिया। उसी समय दीवाली भी आई और गई लेकिन एक रात पुन: दीवाली देहली वासी मना रहे थे, जिसकी चर्चा करना जरूरी है।

हुआ यह था देहली केन्द्र शासित राज्य से स्वतन्त्र राज्य बन गया था। इस लिए यहां चुनाव हुए। दिसम्बर 1993 के पहले सप्ताह में जब परिणाम आये तो 70 में से 49 सीट पर भाजपा जीती। जीत की खुशी में उस रात दीवाली जैसा माहौल था। भाजपा की ओर से मदनलाल खुराना सरकार बनने की खुशी में पटाखे फूट रहे थे। आसमान रोशनी से भरा हुआ था इसलिए पुन: दीवाली का उत्सव हम यमुना पार के आवास की छत से देख रहें थे।

अंत में हम लोग संस्थान की बसों से देहली की पुरातात्विक और ऐतिहासिक इमारतों को देखने निकल पड़े। हमारे साथ गाईड भी थे। लाल किला शिल्प कला का अदभुत नमूना है पहले से नाम सुन रखा था।

जब हम लोग हुमायूं का मकबरा देखने गये और वहां पर मैदान का समतलीकरण और अपवाह तंत्र देखकर विस्मित थे। ज्यामितीय ढंग से इतना सटीक नाप कर ऐसी रचना आज के अभियंता नहीं बना सकते। हुमायूं का मकबरा मुख्य इमारत का निर्माण 1565 से 1573 के बीच हुआ माना जाता है जिसमें आठ वर्ष लगे, किन्तु इसकी पूर्ण शोभा इसको घेरे हुए 30 एकड़ में फैले चारबाग शैली के मुगल उद्यानों से निखरती है। ये उद्यान भारत ही नहीं वरन दक्षिण एशिया में अपनी प्रकार के पहले उदाहरण थे। ये उच्च श्रेणी की ज्यामिती के उदाहरण हैं। जन्नत रूपी उद्यान चहार दीवारी के भीतर बना है।

ये उद्यान चार भागों में पैदल पथों (खियाबान) और दो विभाजक केन्द्रीय जल नालिकाओं द्वारा बंटा हुआ है। ये इस्लाम के जन्नत के बाग में बहने वाली चार नदियों के परिचायक हैं। इस प्रकार बने चार बागों को फिर से पत्थर के बने रास्तों द्वारा चार-चार छोटे भागों में विभाजित किया गया है। इस प्रकार कुल मिलाकर 32 भाग बनते हैं।

यह इमारतें भारतीय शिल्प वैभव की गाथा बुलंदी के साथ आज कह रही है। जब हम लोग कुतुबमीनार पहुंचे तो वहां कुतुबमीनार की ऊंचाई का राज तो कक्षा में ही बता दिया था किन्तु वहीं पास में लौह स्तम्भ खड़ा है यह एक विशाल स्तम्भ है। यह अपने आप में प्राचीन भारतीय धातुकर्म की पराकाष्ठा है। यह कथित रूप से राजा चन्द्रगुप्त विक्रमादित्य (राज 375–413) के समय निर्माण कराया गया, किन्तु कुछ विशेषज्ञों का मानना है कि इसके पहले निर्माण किया गया, सम्भवत: 912 ईपू में। इस स्तम्भ की ऊँचाई लगभग सात मीटर है। लौह-स्तम्भ में लोहे की मात्रा

करीब 98 है और ढाई हजार साल से अधिक बीत जाने के बाद भी खुले आसमान के नीचे खड़े इस लौह स्तम्भ में जंग नहीं लगी है । हमें इस प्रकार के लोहा बनाने वाली भट्टियों को और उस तकनीकी को शोध करने की जरूरत है ।

इसके बाद हम लोटस टेंपल या कमल मंदिर, देखने गये । यह नेहरू प्लेस (कालकाजी मंदिर) के पास स्थित एक बहाई (ईरानी धर्मसंस्थापक बहाउल्लाह के अनुयायी) उपासना स्थल है । यह अपने आप में एक अनूठा मंदिर है । यहाँ पर न कोई मूर्ति है और न ही किसी प्रकार का कोई धार्मिक कर्म-कांड किया जाता है, इसके विपरीत यहाँ पर विभिन्न धर्मों से संबंधित विभिन्न पवित्र लेख पढ़े जाते हैं । भारत के लोगों के लिए कमल का फूल पवित्रता तथा शांति का प्रतीक होने के साथ ईश्वर के अवतार का संकेत चिह्न भी है । यह फूल कीचड़ में खिलने के बावजूद पवित्र तथा स्वच्छ रहना सिखाता है, साथ ही यह इस बात का भी द्योतक है कि कैसे धार्मिक प्रतिस्पर्धा तथा भौतिक पूर्वाग्रहों के अंदर रह कर भी, कोई व्यक्ति इन सबसे अनासक्त हो सकता है । कमल मंदिर में प्रतिदिन देश और विदेश के लगभग आठ से दस हजार पर्यटक आते हैं । आनेवाले सभी पर्यटकों को बहाई धर्म का परिचय दिया जाता है और मुफ्त बहाई धार्मिक सामग्री वितरित की जाती है । यहाँ का शांत वातावरण प्रार्थना और ध्यान के लिए सहायक है । यह आधुनिक शिल्प और कला का अद्भुत नमूना है ।

प्रशिक्षण के अंत में हम सभी प्रशिक्षिणार्थियों को विद्यालय के लिए एक रेडियो, एक स्लाइड प्रोजेक्टर के साथ 3 नवंबर से 7 दिसम्बर 1993 तक अनुस्थापन पाठ्यक्रम प्रशिक्षण का प्रमाण-पत्र दिया गया । आने जाने का किराया रेल/बस टिकट आधार पर एक दिन पहले ही नकद भुगतान कर दिया था । संप्रति रूप से देखा जाए तो संस्थान द्वारा एक अच्छा प्रशिक्षण यहां प्रदान किया था । 8 नवंबर को जब वापिस हिन्डोरियां मुख्यालय पर लौटा तो मैं क्लास लेते वक्त एक ओरियंटल व्याख्याता बन चुका था फिर क्या भूगोल क्या गणित हर संकाय के छात्रों को स्लाइड प्रोजेक्टर के माध्यम से भारतीय सांस्कृतिक विरासत के दर्शन कराता रहा । चूंकि मुझे ही प्रार्थना सभा लेनी होती थी इसलिए शासकीय उच्चतर माध्यमिक विद्यालय कुम्हारी, शासकीय उच्चतर माध्यमिक विद्यालय हिन्डोरियां से लेकर शासकीय उत्कृष्ट विद्यालय दमोह के छात्र छात्राओं का चहेता शिक्षक बनने का सौभाग्य प्राप्त हुआ । 19 साल उत्कृष्ट विद्यालय दमोह में सेवा देने का मोह छोड़कर जनवरी 2016 में प्राचार्य बनकर बकायन एक नये विद्यालय की अनुस्थापना करने पहुंच गया । एक छोटे से विद्यालय को ई एजुकेशन से जोड़ने के लिए सबसे पहले एक लेपटाप खरीदा फिर एक ओन लाइन शाप पर प्रोजेक्टर के रेट देख रहा था पांच हजार रुपए में एक प्रोजेक्टर

आनलाइन खरीद कर विद्यालय को ई एजुकेशन से जोड़ने का उत्सव सीईओ जनपद बटियागढ को मुख्य अतिथि बनाकर विधिवत ई क्लास का उद्घाटन किया। इस नवाचार प्रणाली से सभी बच्चे खुश थे। दसवीं बोर्ड के परिणाम सुधरने लगे। जुलाई 2019 में म.प्र शासन बल्लम भवन भोपाल से एक आदेश के तहत सहायक संचालक के दायित्व का दूसरी बार निर्वहन करने जिला शिक्षा अधिकारी कार्यालय दमोह आ गया। शासकीय सेवक के सेवाकाल में अनुस्थापना और पदस्थापना का यह दौर नियति का चक्र जैसा है।

कभी कभी सोचता हूं, मानव भी प्रकृति का नवाचार है। पाषाण काल से एनारायड काल तक का नवाचारी मानव कितना बदल गया है। मानव का माड्युल जो पहले पर्ण पत्ते लपेटता था अब वस्त्र उतारने को उतावला है, पहले तन नंगा था मन गंगा अब गंगा को भी गंदा कर भीतर से नंगा हो रहा है। नंगेपन की नुमाइश लगती है। गंदापन बेचा और खरीदा जा रहा है। मैं क्षेत्र विशेष की बात नहीं करता लेकिन आप दूर नहीं अपने आसपास ही देख लो।

अंत में एक अपना यह दोहा जरूर लिखूंगा–

अनुकूलन ही सार है, मिला कदम से ताल।

प्रशिक्षण लेते रहो, यही ज्ञान की ढाल।

हिमालय की दूसरी यात्रा

जब पहली होती है तो दूसरी भी फिर चाहे वह कक्षा हो, यात्रा हो या पत्नी। खैर दूसरी पत्नी की चर्चा आत्म कथा यदि लिखी तो उसमें जरुर करूंगा। अभी हिमालय की चर्चा कर लूं। पहली यात्रा जून 1992 में दोस्तों के साथ हुई थी। जून 2008 आते आते सोलह साल गुजर गए। दिव्या बारहवीं कक्षा पास कर चुकी थी ईईई का टेस्ट दे दिया था। परिणाम आना शेष था। सौरभ ने नवमी की परीक्षा केन्द्रीय विद्यालय से दे दी थी। ग्रीष्म अवकाश चल रहे थे। मैं उत्कृष्ट विद्यालय दमोह में पदस्थ था मेरा भी ग्रीष्म अवकाश चल रहा था। परिवार ने तय किया कि हम हिमालय दर्शन को चलेंगे तो हम सहमत हुएं और दो तीन जून को ट्रेन से हरिद्वार पहुंच गए। ट्रेन में ही एस के नेमा मिल गये जो उत्कृष्ट विद्यालय में प्राचार्य थे। उनके साथ उनकी पत्नी, पुत्र चिंटू और चिंटू की नानी साथ थीं। दो परिवार सदस्य संख्या 8 हमने तय किया एक टवेरा से तीन धाम की यात्रा की जायेगी। हरिद्वार से ऋषिकेश पहुंचे। ऋषिकेश नाम ऋषिकेश क्यों पड़ा यह जानने का प्रयास किया। यहां यह कथा प्रचलित है कि समुद्र मंथन के समय जो जहर निकला था वह शिव जी ने यहीं पिया था जिसके कारण वह यहां नीलकंठ हो गये थे। कुछ लोगों का मानना था कि यहां राम ने वनवास काल का कुछ समय यहां बिताया था तभी यहां जूट की रस्सियों का झूला बनाया गया था। इसलिए इसका नाम लक्ष्मण झूला पड़ा। लक्ष्मण झूला जो आज दिखाई देता है वह विक्रम संवत 1996 में बना था जिसकी लंबाई 450 फुट है। हम सबने गंगा जी में डुबकी लगाकर चोटी वाला के होटल में भोजन किए। यहां पर गीता भवन भी है। रुद्राक्ष के अनेक प्रकार और उनकी मालाएं यहां मिलती है।

ऋषिकेश से हमारी टैक्सी गंगोत्री धाम के लिए हिमालय की ऊंची सड़कों पर चढ़ने लगी। गंगोत्री से पहले पर्यटन होटल में सबने विश्राम किया। यह होटल उत्तरकाशी के समीप थी।

उत्तरकाशी ऋषिकेश से 155 किलोमीटर की दूरी पर स्थित एक शहर है, जो उत्तरकाशी जिले का मुख्यालय है। यह नगर भागीरथी नदी के तट पर बसा हुआ है। यहां भगवान विश्वनाथ का प्रसिद्ध मंदिर है। यह शहर प्राकृतिक सौंदर्य से भरपूर है। यहां एक तरफ जहां पहाड़ों के बीच बहती नदियां दिखती हैं वहीं दूसरी तरफ पहाड़ों पर घने जंगल भी दिखते हैं। हिमालय सौन्दर्य और संपदा का भंडार है। जितना देख सकते हैं उतना ही दिखता है। हमारी नज़र की सीमा है। प्रकृति असीमित सौन्दर्यवती है।

सुबह जब यात्रा प्रारंभ की तो गंगोत्री के पहले गर्म कुंड मिलें जिनसे खौलता हुआ पानी निकल

रहा था। इन कुंडों के बारे में पहले सुना था कि जब तीर्थ यात्री हिमालय की पैदल यात्रा करते थे तो इन कुंडों में कपड़े में बांधकर चावल डालते थे तो भात बन जाता था जिसे वह खाते थे। चूंकि मैं भूगोल का छात्र रहा हूं इसलिए ऐसे कुंडों को गाईजर कहा जाता है। हिमालय में गाईजर अधिक पाये जातें हैं। हम गंगोत्री पहुंचे और गंगाजी का शिशु रूप देखा जहां वह क्षीणकाय रूप में प्रवाहित होती है। गंगोत्री से ऊपर 18किलोमीटर की पैदल दूरी पर गौमुख है जहां से गंगाजी हिमनद रूप में आती है और गंगोत्री में जलरूप में परिवर्तित हो जाती है। गंगोत्री में पहले मंदिर नहीं था। गंगोत्री मंदिर का इतिहास को खंगालने पर पता चलता है कि गढ़वाल के गुरखा सेनापति अमर सिंह थापा ने 18वीं सदी में गंगोत्री मंदिर का निर्माण करवाया था। माना जाता है कि जयपुर के राजा माधो सिंह द्वितीय ने 20वीं सदी में मंदिर की मरम्मत करवायी। मंदिर में गंगा जी के दर्शन कर हम वापिस आकर केदारनाथ जी की ओर चलने लगे।

हम रुद्र प्रयाग पहुंचे जहां की एक होटल में विश्राम किया। रूद्रप्रयाग अलकनंदा और मंदाकिनी नदी पर स्थित है। यहाँ से आगे अलकनंदा देवप्रयाग में जाकर भागीरथी से मिलती है तथा गंगा नदी का निर्माण करती है। रूद्रप्रयाग गढ़वाल से 34 किलोमीटर की दूरी पर स्थित है। मंदाकिनी और अलखनंदा नदियों का संगम अपने आप में एक अनोखी खूबसूरती है। इन्हें देखकर ऐसा लगता है मानो दो बहनें आपस में एक दूसरे को गले लगा रहीं हो।

हमारी गाड़ी सोनप्रयाग पहुंच चुकी थी। सोनप्रयाग से चार पांच किलोमीटर ही गौरीकुंड शेष रह जाता है। घुमावदार रास्ते और डीजल से इलर्जी के कारण दिव्या को उल्टियां होने के कारण वह परेशान होने लगी किन्तु रात्रि विश्राम से वह ठीक हो गई। सुबह हम लोगों ने गौरीकुंड में स्नान किया और चार खच्चर लेकर केदारनाथ दर्शन को निकल पड़े।

इस बार चढ़ाई चढ़ते हुए जब मैं उस स्थल पर पहुंचा जहां जून 1992 की पहली हिमालय यात्रा में केदारनाथ पैदल चढ़ते हुए ग्लेशियर देखा था। मैंने खच्चर वाले को रोका और पूछा –यहां तो पहले ग्लेशियर था।''खच्चर'' वाले ने बताया जब मैं छोटा था और पिताजी के साथ खच्चर लेकर आता था तब यहां बर्फ़ का ग्लेशियर था जो नीचे जाकर पिघलता था। आगे एक और था अब एक भी नहीं है। यह देखकर सुनकर मुझे लगा कि अब ग्लोबल वार्मिंग असर दिखा रही है आगे क्या होगा? यह सोचकर मन सिहर उठा। हम ऊपर कैलाश पर्वत चढ़ रहे थे। मैं फिर सोचने लगा कि हिमालय का शाब्दिक अर्थ ही हिम का घर है। हिम+आलय हिमालय जो हिम का घर था अब इसका हिम संकट में आ चुका है। यह ऐसा संकट है जो सिर्फ़ हिम को नहीं निगलेगा बल्कि हिमालय से निकलने वाली सभी नदियों को निगल जायेगा। इससे जिस विभीषिका का जन्म

होगा, वह भयातुर करने वाली है। ग्लोबल वार्मिंग का दैत्य मानव ने बनाया है मानव को ही निगलने वाला है। मानव ही इसे रोक सकता है।

नेमा जी का परिवार फाटा पहुंचा जहां से हेलीकॉप्टर द्वारा केदारनाथ मंदिर वह पहुंचे। हमारी मुलाकात मंदिर परिसर में हुई। दोपहर लगभग 12 बजे हम मंदिर परिसर पहुंचे। इस समय भीड़ कम थी इसलिए केदारनाथ जी के दर्शन कर पैदल ही उतरने लगे। जब हम पैदल उतर रहे थे तो सौरभ से मैंने कहा जी न्यूज में एक बार आ रहा था कि केदारनाथ हर दिन किसी एक श्रद्धालु को वेश बदलकर दर्शन देते हैं, इसलिए हो सकता है वह संत बनकर हमसे ही मिले। इसलिए सौरभ हर संत को प्रणाम करना और खड़े या बैठे मिले तो चरणस्पर्श कर पैसे दान करना। हम चारों केदारनाथ मंदिर से डेढ़ दो किलोमीटर ही उतरे थे कि एक तेजस्वी युवा संत जो राह किनारे बैठे थे उन्होंने मुझसे पूछा- केदारनाथ बैठे हैं अभी वहां कि कहीं चले गए। ''मैंने रुकते हुए कहा- जब मैं वहां था तब तो वहीं थे, अब पता नहीं। '' वह मुस्कराने लगे। बोले –''ऊपर कैसे चढ़े थे। ''

मैंने कहा– ''खच्चर से। '' वह बोले –फिर वापिस पैदल क्यों? ''मैंने कहा–'' वापिस उतरने में समय कम लगता है। थोड़ा पुण्य भी हो जाता है।''उन्होंने कहा – ठीक है, अच्छी सोच। '' हम सब ने उनके चरण स्पर्श किए। सौरभ ने सौ रुपए देने की कोशिश की तो मना कर बोले – ''मैं पैसे को हाथ से भी स्पर्श नहीं करता ना मुझे जरूरत है। '' तभी ऊंचाई से ऊपर कहीं छोटा-सा पत्थर गिरा खच्चर स्पीड से नीचे आए कुछ भगदड़ सी हुई हम ऊंचाई की ओर थे इसलिए साईड में खड़े हो गए कुछ सेकंड में शांति हुई तो जहां वह बैठे थे वहां वह नहीं थे हम चारों ने ऊपर नीचे देखा वह कहीं नहीं दिखे। यह एक अप्रत्याशित और चमत्कारी ढंग से हुआ। हम लोग वापिस होटल में आ गये। वहां से टैक्सी में बैठकर जब नीचे उतर रहे थे तो दिव्या की उल्टियां बढ़ती जा रही थी। एक शहर में रुककर चिकित्सक को दिखाया तो उसने बताया इसे बहुत कमजोरी आ चुकी है। एक घंटे रोककर ग्लूकोज की बाटल चढ़ी। हम बद्रीनाथ मंदिर दूसरी बार पहुंच चुके थे।

सुबह जब तैयार होकर मंदिर भगवान बद्रीनाथ के मंदिर जा रहे थे तो चारों ओर पर्वत पर्वतों पर सुनहरी धूप में चमकता सुनहरा वर्फ बच्चों ने पहली बार देखा। सोनी का कैमरा साथ ले गये थे। सौरभ ने फोटो ग्राफ्स खींचे। हमने शांतिपूर्ण ढंग से बद्रीनारायण के दर्शन किए। इस बार मैंने अपने बच्चों को बद्रीनारायण से मांगा कि इन्हें आगे की शिक्षा अच्छी मिल जाए और यह जीवन में सफल रहे। बद्रीनाथ मंदिर ऐसे लगता है जैसे हिमालय ने इसे अपनी गोद में बैठा लिया हो। इस

बार किसी ने यह भी बताया कि पहले एक ही पुजारी केदारनाथ और बद्रीनाथ की पूजा करता था। पहले वह केदारनाथ में आरती करते फिर पहाड़ों के किसी गुप्त रास्ते से एक घंटा के भीतर वह यहां आ जाते थे। यह लोक कथा है या हकीकत कुछ कह नहीं सकते। अब हम वापिस लौटने लगे तब भी दिव्या की उल्टियां जीप में बैठते ही शुरू हो जाती थी। उसको लेकर चिंता थी लौटते हुए फिर एक शहर के शासकीय चिकित्सालय में हमने दिव्या को कुछ समय के लिए भर्ती किया जहां ग्लूकोज की बाटल चढ़ी और हम जैसे तैसे हरिद्वार वापिस आये। हरिद्वार में मेरे गुरु श्रीराम जी का शांतिकुंज था जहां रुकने का समय नहीं था। रेल्वे का रिजर्वेशन पहले से तय था किन्तु ट्रेन रात ग्यारह बजे के बाद थी इसलिए हम लोगों ने हरिद्वार की गंगा आरती देखी। गंगाजी में डुबकी लगाई। जब डुबकी लगाकर बाहर निकले तो नेमा जी को फोन दमोह से आया था जो सुखद था। नेमा जी को फोन पर बता दिया था कि वह दमोह के डीपीसी बना दिए गए हैं। मैंने उन्हें बधाई दी। हमारा परिवार जब एक दूसरे गंगा घाट जा रहे थे तब एक विचित्र सा साधु मुझसे बात करने लगा। बोला –बेटा तूं केदारनाथ के दर्शन करके लौटा है। तुझे पशुपतिनाथ आना है। हम जल्दी में थे तो श्रीमती रंजना सिंह जी ने उन्हें सौ रुपए दिए। उन्होंने मना किया नहीं मैं तुम्हारे हाथ से पैसे नहीं लूंगा। आप दूर रहें। वह मुझसे मुखातिब होकर बोले–तुझे पशुपति नाथ बुला रहे हैं। तुझे एक तेजस्वी पुत्र किसी सुन्दर कन्या से पैदा होगा। मुझे और मेरे बच्चों को हंसी आ गई। मैंने उन्हें सौ रुपए दिए। उन्होंने मेरे सिर मोरपंख रखकर आशीर्वाद दिया। वह मुझ पर प्रसन्न थे। अंत में फिर कहा- नेपाल आना –मै वही मिलूंगा।

साधु चला गया मैं आज सोचता हूं हम कितने ही धार्मिक हो जाएं ना मोक्ष हमें मिलेगा ना आपको जन्नत। स्वर्ग नरक की अवधारणा वाली यह दुनिया बड़ी अजीबोगरीब हैं। तीन प्रकार के मनुष्य हमेशा हर युग में रहें हैं। मानव दानव आनव। इसे हम ऐसा भी कह सकते हैं कि यह एक ही मानव के तीन स्वरूप है। तीनों स्वरूप उसकी अंतस चेतना में भरे हुए हैं। कब कौन सा रूप परिस्थिति सापेक्ष होता है यह सब उसकी परिस्थितियों और स्वभाव संस्कार पर निर्भर होता है। मैं तब नेपाल पशुपति नाथ नहीं गया था। अब जाऊंगा और वही सन्यासी मिला तो उनसे कुछ प्रश्न जरूर पूछूंगा। जैसे आप तो सन्यासी त्रिकालज्ञ भी हो सकते हैं। किन्तु एक मानव एक रूपसी या तेजस्वी पुत्र के लिए किसी मानवी के भावी जीवन को संकट में कैसे डाल सकता है? क्या जो होता है उसका नियंत्रण मानव के माध्यम से नियति नहीं करती? यदि हां तो हम क्या कर सकते। यदि नहीं तो हम नियति को बदल नहीं सकते। इसलिए गीता कहती है –जो हुआं अच्छ हुआ जो होगा अच्छ होगा। मैं कर्ता हूं मैं कराता हूं।

अर्जुन का मोह भंग तभी हुआ जब कृष्ण ने अपना मूल विराट रूप दिखलाया। वही विराट तो नियति है जिसे हम जल जंगल जमीन आसमान तारे कहते हैं। मोक्ष भी यही है मुक्ति भी यही है। हमारे चारों तरफ, धरती से आकाश तक सब कुछ हमारा है हम उसके है। स्वामी इतना बड़ी संपदा का एक मनुष्य कैसे हो सकता है। सबका स्वामी सबका मालिक तो वही एक है। अपनी नज़र और नजरिया बदलिए।

मेरा पशुपति नाथ जाना अभी शेष है सौरभ के बाद कोई पुत्र नही हुआ। नदियां पहाड़ पर्वत झरने यह सब धरती पर बहते ही है, मनुष्य के अंतस में भी विचार गंगा, भाव झरने पल पल प्रवाहित होते हैं। इसलिए शायद कहा है ''जैसी दृष्टि वैसी सृष्टि।'' मतलब रचनाकार भी हम है, रचना भी हम है। निर्धारित समय पर हरिद्वार स्टेशन पहुंचे और हमारी दमोह वापिसी हुई। हिमालय की दूसरी यात्रा भी सुखद और सफल इसलिए रही कि अकेला आदमी तो कभी किसी के साथ कहीं भी जा सकता है, बच्चों और परिवार के साथ जाना थोड़ा कठिन होता है। हिमालय आज भी मेरे मानस में बसा है।

हिमालय सहित मनुष्य को संकट से बचाना है तो पूरे विश्व को कार्बन उत्सर्जन शून्य की ओर ले जाने की कोशिश करनी होगी मैं तो अंत में यही कहूंगा –

हिम का आलय जो बना, आई उसमें आंच।

जीवन संकट में पड़े, आदम कहता सांच।

मुंबई गोवा दर्शन

जनवरी 2010 से नवंबर 2012 तक मैं पटेरा विकास खंड का विकास खंड स्रोत समन्वयक था। मेरे सेवाकाल का सबसे प्रिय काल शासकीय उच्चतर माध्यमिक विद्यालय कुम्हारी रहा है जहां सितम्बर 19985 से नवंबर 1992 तक उच्च श्रेणी शिक्षक रहा। उस गांव में एक शिक्षक देवेन्द्र कुमार जैन थे बड़े सहज सरल और मिलनसार उनके पिताजी रतनचंद जैन जिनकी उम्र उस समय 70 से अधिक थी उनसे मेरी साहित्यिक और धार्मिक चर्चा होती थी। वह अध्ययनशील व्यक्ति थे। देवेन्द्र जैन की पुत्री और पुत्रों को मैंने पढ़ाया। उनका मझला पुत्र योगेन्द्र जैन मेरे पास एक दिन पटेरा आया और गोवा टूर का पैकेज बड़े सस्ते दाम दस हजार पांच सौ में दे गया। वह किसी कंपनी में काम करता था। टूर पैकेज जून 2011 का था। बाम्बे टू गोवा तीन सदस्यों का हवाई जहाज रो आना जाना तथा दो रात तीन दिवस रुकना फ्री था। चूंकि टूर लगभग मुफत था इसलिए दमोह से जाने का प्लान चार दिन पहले का बनाया और रंजना सिंह तथा पुत्र सौरभ के साथ बाम्बे की ट्रेन में बैठकर मनमाड़ स्टेशन पर उतर गये। मनमाड़ से बस द्वारा शिरडी पहुंचे। रात्रि विश्राम कर सुबह साईबाबा के दर्शन किये। साईबाबा के बारे में तरह तरह की जनश्रुतियां है। कुछ लोग कहते हैं कि उनका जन्म एक हिन्दू – परिवार में हुआ था बाद में मुस्लिम परिवार में उनका पालन पोषण हुआ उनके जन्म के बारे में भी कोई प्रमाणिक तिथि नहीं है कुछ अनुमानों के अनुसार उनका जन्म सितम्बर 1835 का माना जाता है और अक्टूबर 1918 को उनकी मृत्यु मानी जा सकती है। उनके बारे में कहा जाता है कि बाबा पहली बार सोलह वर्ष की उम्र में शिरडी में एक नीम के पेड़ के तले पाये गये थे। उनके इस निवास के बारे में कुछ चामत्कारिक कथाएँ प्रचलित हैं। मैंने पहले पंक्तिबद्ध होकर साईबाबा के दर्शन किए और मंदिर के आस पास घूमता रहा नीम का एक पेड़ अभी भी लगा था लोग कह रहे थे कि साईबाबा को इसी पेड़ के नीचे सिद्धि प्राप्त हुई थी। उनका सांई बाबा नाम कैसे प्रचलित हुआ इस संबंध में कुछ लोगों ने बताया कि चाँद पाटिल के सम्बन्धी की बारात जब शिरडी गाँव पहुँची थी तो खंडोबा के मंदिर के सामने ही बैल गाड़ियाँ खोल दी गयी थीं और बारात के लोग उतरने लगे थे। वहीं एक श्रद्धालु व्यक्ति म्हालसापति ने तरुण फकीर के तेजस्वी व्यक्तित्व से अभिभूत होकर उन्हें ''साई'' कहकर सम्बोधित किया। धीरे-धीरे शिरडी में सभी लोग उन्हें ''साई'' या ''साई बाबा'' के नाम से ही पुकारने लगे और इस प्रकार वे ''साई'' नाम से प्रसिद्ध हो गये। बाबा हिन्दू थे या मुसलमान इस बात से कोई फर्क नहीं पड़ता किन्तु इनके दर्शन करने के लिए पूरे देश के श्रद्धालु यहां बड़ी संख्या में पहुंचते हैं।

शिर्डी का ट्रस्ट आवास और कम दाम पर भोजन उपलब्ध कराता है। सायं को कूपन लेकर भोजन को प्रसाद रूप में ग्रहण किया। सुबह शनि सिंगनापुर टैक्सी लेकर चल दिए। शनि सिंगनापुर अहमदपुर जिले का ऐसा गांव है जहां शनि भगवान की स्वयंभू रूप से खुले आसमान तले बिराजमान है इस गांव के मकानों की सबसे बड़ी विशेषता यही है कि यहां मकान हो या दुकान ताले नहीं लगते ना ही दरवाजा है जानवरों से रक्षा के बांस का एक अडगा या टटा लगा दिया जाता है। कहते हैं कि इस गांव में आज तक चोरी नहीं हुई। शनि दर्शन के लिए एक दुकान से तेल की शीशी क्रय कर तेल चढ़ाया शीश नवाया और वापिस शिरडी जब आ रहे थे तो रोड के किनारे जगह जगह गन्ना के रस की दुकानें लगी थी टेक्सी चालक को रोककर गन्ने का रसपान किया।

अगले दिन बस से गोदावरी नदी के तट बसे नासिक पहुंचे। नासिक के बारे में यह भी कहा जाता है कि यहां लक्ष्मण जी ने सूर्पनखा की नाक काटी थी इसलिए इस जगह का नाम नासिक पड़ गया है। नासिक में पंचवटी नासिक के उत्तरी भाग में स्थित है। माना जाता है कि भगवान राम, सीता और लक्ष्मण के साथ कुछ समय के लिए पंचवटी में रहे थे। इस कारण भी पंचवटी प्रसिद्ध है। सीता गुफा यह वह जगह है जहां के बारे में मान्यता हैं कि सीता जी का अपहरण रावण ने यहीं से किया था वह देखने के बहुत ही संकीर्ण मार्ग से प्रवेश करना पड़ता है। सौरभ और श्रीमती जी के लिए सरल था मेरे लिए कठिन। फिर भी मैं अंदर गया और देखा कि यहां पर्याप्त जगह थी और सोचता रहा जब मनुष्य आखेट अवस्था था तो ऐसी ही गुफाओं में रहता होगा।

नासिक एक तीर्थ स्थल है। यहां कुंभ भी भरता है इसलिए यहां पर अनेक मंदिर भी है जिनमें सुंदरनारायण मंदिर जो भगवान विष्णु का मंदिर है उनके दर्शन किये। दूसरा मोदाकेश्वर गणेश मंदिर भी दर्शनीय है। गोदावरी का तट छोड़कर हम लोग बस में बैठकर गोदावरी के उदगम स्थल की ओर रवाना हुए जहां पर भगवान त्र्यंबकेश्वर बिराजमान है।

त्र्यंबकेश्वर बारह ज्योतिर्लिंग में से एक है। यहां के निकटवर्ती ब्रह्म गिरि नामक पर्वत से ही गोदावरी नदी का उद्गमस्थल है। त्र्यंबकेश्वर के दर्शन करने के बाद हम लोगों ने पूर्व में बनाई योजना के अनुसार नासिक से मुंबई की बस पकड़ कर रात्रि लगभग दस बजे मुंबई के अंधेरी बस स्टैंड पर उतरे और रिक्शेवाले से कहा किसी सस्ती सी होटल में ले चलो। उसने दो तीन जगह खाली रूम पूछें तो कहीं नहीं मिले अंत में वह अंधेरी रेल्वे स्टेशन के समीप एक होटल ले गया जो थोड़ा महंगा था किन्तु विकल्प भी शेष नहीं था। रात्रि में ही हमने मुंबई दर्शन की बस होटल मैनेजर के माध्यम से बुक कर दी सुबह मुंबई दर्शन को निकल पड़े। मैं मुंबई दूसरी बार आया था पहली बार दिसंबर 1997 में आया था। उस समय बाम्बे हास्पिटल में लगभग एक माह भर्ती रहा था। रोड

एक्सीडेंट से बाएं हाथ और कंधे में आई चोट का आपरेशन हुआ था। तब मैं मुंबई अधिक नहीं घूम पाया था।

भ्रमण की बस सबसे पहले सिद्धि विनायक मन्दिर पहुंची। यहां प्रसिद्ध गणेश मन्दिर है। गणेश जी जिन प्रतिमाओं की सूंड दाईं तरह मुड़ी होती है, वे सिद्धपीठ से जुड़ी होती हैं और उनके मंदिर सिद्घिविनायक मंदिर कहलाते हैं। महाराष्ट्र में गणेशजी के भक्त बहुत है। यह एक विशाल और भव्य मंदिर है। भीड़ बढ़ने से पहले ही हमने दर्शन किए। इसके बाद हम लोगों ने दूर से ही वह ताज महल होटल देखी जिसका निर्माण 1903 में जे.एन.टाटा ने कराया था। अब होटल के दो विंग दिखते हैं एक नए और एक पुराना। गेटवे ऑफ इंडिया पास में ही स्थित है जिसे 1911 में किंग जॉर्ज–ट के भारत में स्वागत के लिए बनाया गया था। यह क्षेत्र मुंबई का सबसे अधिक खुला हुआ और दर्शनीय क्षेत्र है। यह वही मुंबई है जो सोलहवीं सदी में मछुआरों की छोटी सी बस्ती थी। मैं नगरीय भूगोल में मुंबई का विकास पढ़ा था। अंग्रेजो के आने के बाद ही इसका तेज गति से विकास हुआ है। यहां से बस मुंबई के किसी सिनेमाघर की ओर ले गई जहां जाते वक्त अंबानी का घर भी दूर से देखा गाइड ने बताया कि इस घर का नाम एबोड है यह 17 मंजिला इमारत है और इसकी आंतरिक साज–सज्जा पर करोड़ों रुपये खर्च किए गए हैं जो एक विदेशी डेकोरेटर ने किया था। इमारत की ऊंचाई लगभग 66 मीटर है। हम लोग सिनेमाघर पहुंचे। वहां पर पहली बार थ्री डी फिल्म देखी। फिल्म देखने के लिए एक चश्मा मिला जो टिकट के मूल्य में शामिल था। थ्रीडी फिल्म डरा रही थी। मुझे अच्छी नहीं लगी और जब विज्ञान भवन पहुंचा तो चक्कर से आ रहे थे। घंटा भर लेटकर विश्राम किया। तब कुछ ठीक हुआ और विज्ञान भवन देखा। भारत सरकार के विज्ञान एवं प्रौद्योगिकी विभाग द्वारा जवाहरलाल नेहरू उन्नत वैज्ञानिक अनुसंधान केंद्र (ज.ने.उ.वै.अ.कें.) वर्ष 1989 में बनाया गया। इसका नामकरण भारत के प्रथम प्रधान मंत्री पंडित जवाहरलाल नेहरू के नाम पर हुआ। इस केन्द्र पर एक लघु फिल्म दिखाई गई। नेहरू केन्द्र के बाद जुहू बीच पहुंचे रास्ते में अनेक फिल्म सितारों के मकान गाइड बताता गया। शाहरुख खान के आवास को भी दूर से देखा। मेरिन ड्राइव देखते हुए जब वापिस लौटे तो इस मेरिन ड्राइव पर चमकती हुई लाइट का अदभुत नजारा दर्शनीय होता है।

दूसरे दिन सुबह बाम्बे एयर पोर्ट जब पहुंचे तो हेल्थ टेस्ट हुआ जिसमें मेरा रक्तचाप थोड़ा बड़ा हुआ था डाक्टर ने पूछा मेडीसन लेते हो मैंने कहा नहीं। फिर उन्होंने कोई मेडीसन नहीं दिया। हम लोग थोड़ी प्रतीक्षा के बाद इंडिगो की फ्लाइट में गोवा जाने के लिए बैठ चुके थे। यह हमारी पहली हवाई यात्रा थी। फ्लाइट ने रनवे पर दौड़ते हुए टेक आफ किया और हम लोग आसमान में उड़ रहे

थे। हम बादलों के ऊपर थे बादल नीचे। जब गोवा आने वाला था तो मैंने विन्डो से नीचे समुद्र और गोवा को देखा। फ्लाइट ने हवाई अड्डे पर लैंड किया। हम लोग कार लेकर पैकेज में शामिल होटल के पते पर पहुंच गए। रात्रि विश्राम किया। सुबह गोवा दर्शन पर निकलना था।

गोवा जिस दृष्टि से मैंने देखा उसके पहले थोड़ा गोवा के बारे में जान लें कि गोवा (कोंकणी गोंय), क्षेत्रफल के अनुसार से भारत का सबसे छोटा और जनसंख्या के अनुसार चौथा सबसे छोटा राज्य है। पूरी दुनिया में गोवा अपने सुन्दर समुद्र के किनारों और प्रसिद्ध स्थापत्य शिल्प के लिये जाना जाता है। गोवा पहले पुर्तगाल का एक उपनिवेश था। पुर्तगालियों ने गोवा पर लगभग 450 सालों तक शासन किया भारतीय सेना ने आपरेशन विजय के द्वारा 19 दिसंबर 1961 में यह भारत का केन्द्र शासित प्रदेश बन गया। गोवा के इतिहास पर नजर डालें तो गोवा पर तीसरी सदी में मौर्यों का शासन रहा है। गोवा वास्तव में प्रकृति प्रेमी शान्ति प्रिय पर्यटकों का पसंदीदा पर्यटक स्थल है।

सबसे पहले हम जिस बीच को देखने गये वहां ''एक दूजे के लिए'' फिल्म की शूटिंग हुई थी। इस बीच का नाम डोना पाउला क्यों है? यह बात हमारा गाइड बता रहा था कि गोवा के एक वायसराय की पुत्री जिनका नाम "डोना पाउला डि मेनेजेस" था। इनके बारे में एक कहानी भी प्रचलित हैं कि डोना पाउला का प्रेम एक मछुआरे से हो गया था दोनो शादी करना चाहतें थे। लेकिन इसकी अनुमति नही मिलने के कारण डोना पाउला ने प्रेम-प्रसंग में यहां की एक चट्टान से कूदकर अपनी जान गवा दी थी। सच क्या है? यह कह नहीं सकते लेकिन किस्से तो कहने कै लिए ही होते हैं। बहरहाल यह बीच प्रेमी जोड़ों को जरूर भ्रमण करना चाहिए। मैं तो अपनी धर्मपत्नी और पुत्र के साथ इस बीच के प्राकृतिक सौन्दर्य का पान कर रहा था। इसके बाद बागा बीच पहुंचने के पहले हमने गोवा की उस ऐतिहासिक चर्च को देखा जो यूनेस्को की विश्व धरोहर स्थल है। बेसिलिका ऑफ बॉम जीसस में सेंट फ्रांसिस जेवियर का मकबरा और अवशेष हैं। 400 साल बाद भी, अवशेष अच्छी स्थिति में हैं और हर दशक में एक बार निकाला जाता है। यहां मैं पहली बार इतनी बड़ी चर्च को देख रहा था। किसी ने बताया भारत में जब पुर्तगाली आए थे तब लगभग पचास साल गोवा भारत की राजधानी रहा है।

बागा बीच किसी बाघ की तरह दहाड़ता रहता है जब हम पहुंचे तो गोवा पुलिस अलर्ट जारी कर रही थी कि समुद्र में तूफान आने की संभावना है इसलिए लहरों तक नहीं पहुंचे। यह बीच काफी लंबाई में दिख रहा था इसलिए बीच पर पुलिस जीप से अलर्ट कर रही थी। मैं सोच रहा था यहां समुद्र और जहां दुकानें थीं उनमें ज्यादा अंतर नहीं था। समुद्र का पानी कभी भी दुकान तक पहुंच

सकता है। बड़े वही होते हैं जो सीमा में रहते हैं। सागर इसलिए बड़ा और विशाल है। मानव को हदबंदी की सीख समुद्र से सीखना चाहिए। यद्यपि ज्वार भाटे तो यहां भी आते हैं लेकिन उनकी भी एक निश्चित सीमा है। सीमा सरहद की हो या समुद्र की या मान मर्यादा की नियति का बड़ा संदेश है।

हम लोग उस दिन कामाक्षी, सप्तकेटेश्वर और महालक्ष्मी मंदिर भी गये। उस मंदिर भी गये जहां गाइड ने बताया कि यहां लता मंगेशकर ऊषा मंगेशकर के पिता जी भजन गाया करते थे।

शाम हुई तो वापिस होटल आ गये। दूसरे दिन का भ्रमण अभी बाकी था। रात में होटल में खाना खाने से पहले वहां की चर्चित फैनी जो सामान्य तौर पर लिम्का या कोकोकोला के साथ लेते हैं उसका पान मैंने एक सहयात्री के साथ किया।

सुबह तैयार होकर बस में बैठे तो थोड़ा दूर गये जहां पर गोवा का विधान सभा भवन था। जिसे गाइड ने अपनी भाषा गें बताया कि यह गोवा का वह भवन है जहां अलीबाबा और चालीस चोर बैठते हैं। सभी के चेहरों पर मुस्कान आ गई। गोवा की विधानसभा में 40 सदस्य हैं। लेकिन भारतीय राजनीति के लिए यह चिंता जनक बात है कि जन-मानस में नेताओं की यह छवि यदि नहीं सुधरती है तो देश के लिए यह प्रीतिकर कतई नहीं है। बोली लगकर बनती मिटती सरकारें देश के माथे पर कलंक है। संसद में कोई कारगर कानून बनना चाहिए जिसमें जनमत का सम्मान और सुरक्षा हो।

हम लोग एक बड़े जहाज में बैठ चुके थे जहाज के छत पर भी जा सकते थे आर्केस्ट्रा द्वारा गीत गाए जा रहें थे। भोजन व्यवस्था भी जहाज में थी। लगभग दो घंटे से अधिक का समुद्री सफर करके हम वापिस आ गए। इसके बाद हम फिर गोवा के उस महल को देखने गए जो पुर्तगाल के अंतिम राजा का निवास था। राजा के कपड़े उसका पलंग उसकी पोशाकें सुरक्षित है। उसके शस्त्र और उससे संबंधित सभी वस्तुओं को देखकर थोड़ा रोमांच हुआ लेकिन ऐसी अधिकांश वस्तुएं मेरे दादाजी के पास थी इसलिए 1965 से 1975 का बचपन और दादा जी का रफल्ला तांगा घोड़ा घोड़े का पलेचा, घर की लालटेन और बखरी अटारी सब याद आ गया।

वहां से बस पणजी की ओर रवाना हुई। गोवा से 16 किलोमीटर दूर पणजी में कलगूंट बीच देखा गोवा में कहते हैं चार सौ से अधिक छोटे बड़े बीच है, हर बीच की एक अलग आकृति और प्रकृति है। कलंगुट बीच उत्तरी गोवा का सबसे लंबा समुद्र तट है, जो कैंडोलिम समुद्र तट से शुरू होकर बागा समुद्र तट तक फैला है. इस कारण इसे "समुद्र तटों की रानी" भी कहा जाता है. गोवा के सबसे व्यस्त और सबसे व्यावसायिक समुद्र तटों में से एक होने के कारण यहां हर जगह

बहुत ही फ्रेंडली माहौल रहता है।

सिंक्वेरिम बीच, वागाटोर बीच के साथ अन्य बीच की प्रकृति सौन्दर्य के बाद हम गोवा के एक मार्केट में पहुंचे जहां बालक ने टी शर्ट श्रीमती जी ने पर्स मैंने तीन काजू फैनी की बाटल दुकान दार के बिल के साथ खरीदी। दुकानदार ने बताया हवाई यात्रा में तीन तक ही एक यात्री ले जा सकता है। गोवा में सुना है पर्यटन आकर्षण बढ़ाने के लिए गोवा सरकार टेक्स नहीं लेती इसलिए सबसे सस्ती शराब गोवा में बिकती है। यहां शराब दुकानें किराना दुकानों की तरह हर जगह उपलब्ध है। सायं को होटल वापिस आ गए। गोवा में अन्तिम रात्रि विश्राम किया। होटल खाना सब मुफत था। सुबह टैक्सी से एयरपोर्ट गोवा टू बाम्बे पहुंचे। मुंबई से बालक ने बीटी स्टेशन से ही चलने वाली गरीब रथ बुक कर दी हम बैठकर जबलपुर आ गये। गरीब रथ में बैठे बैठे चिंतन कर रहे थे कि लालू जी ही एकमात्र ऐसे रेल मंत्री रहे जो रेल्वे को फायदे में लाय थे। लालूजी ने रेल्वे की चाय मिट्टी के कुल्हड़ में बिकवाई थी। यह गरीब रथ भी उनकी देन था लेकिन इस गरीब रथ में गरीब यात्री यात्रा नहीं करते बल्कि वह अमीर यात्रा करते हैं जो ऐ.सी. फर्स्ट का अधिक किराया देना नहीं चाहते और वह मध्यम वर्ग भी इसमें यात्रा कर रहा जो एसी कोच का मंहगा किराया नहीं दे सकते। गरीब रथ पूरी ट्रेन ही एसी है और किराया भी साधारण डिब्बे से अधिक और एसी से कम है। लालूजी ने रेलवे में निश्चित ही अच्छे काम किए। ट्रेन सुबह जबलपुर पहुंच चुकी थी। हमें समय पर बस भी दमोह के लिए मिल गई। तन दमोह आ गया मन गोवा में रह गया –

मन गोवा में ही बसा, घूमें बाधा बीच।

शैलानी बन घूमता, खर्चें पैसा उलीच।।

जयपुर, अमजेर पुष्कर दर्शन

जून 2013 की बात है। पुत्र सौरभ ने बारहवीं केन्द्रीय विद्यालय दमोह से उत्तीर्ण कर ली और जिद कर रहा था कि उसे दीदी की तरह साफ्टवेयर इंजीनियर बनना है, इसलिए कोटा में एक साल कोचिंग के बाद ईईई का टेस्ट देगा। मैं कोटा की कोचिंग के पक्ष में नहीं था। पुत्री दिव्या जब वह चौदह वर्ष की थी और दसवीं बोर्ड में 93 प्रतिशत अंक लाई तथा इंजीनियर बनने के लिये कोटा या इंदौर जाने की जिद कर रही थी तब मैं इंदौर के लिए सहमत हुआ था। कोटा प्रतियोगिता परीक्षाओं की कोचिंग का मुख्य केन्द्र है। एक शिक्षक होने के नाते मैं समझ सकता था कि कोटा में कोचिंग संस्थानों द्वारा जो प्रतिस्पर्धा होती हैं उसमें छात्र छात्राओं की क्षमता से अधिक मन मस्तिष्क पर बोझ डाला जाता है, जिससे वह प्रतियोगी परीक्षाओं में उत्तीर्ण अनुत्तीर्ण होकर अवसाद के शिकार हो जाने का खतरा अधिक होता है। प्रतियोगिता प्रकृति का मूल स्वभाव नहीं है। सहजता ही मूल है। बगीचे के पुष्प मूल रूप में ही विकसित होकर सुन्दर लगते हैं। चमेली के पुष्प को गुलाब या गुलाब को गेंदा बनाकर विकसित करना अप्राकृतिक है।

सौरभ को साथ लेकर मैं और रंजना सिंह कोटा एक्सप्रेस से कोटा पहुंचे। कोटा में एक से बढ़कर एक कोचिंग संस्थान थे। सौरभ की इच्छ जिस संस्थान की थी वहां प्रवेश दिलाया तथा आवास की व्यवस्था कर दी। सौरभ की कक्षाएं संचालित होने में दस दिन शेष थे तो तीनों ने तय किया कि चलो जयपुर घूमकर वापस दमोह चलेंगे। एक टूरिस्ट बस में बैठकर जयपुर पहुंचे। यह वही जयपुर शहर है जो अपनी भवन निर्माण-परंपरा और ऐतिहासिक महत्व के लिए प्रसिद्ध है। यह शहर तीन ओर से अरावली पर्वतमाला से घिरा हुआ है। जयपुर शहर की पहचान यहाँ के महलों और पुराने घरों में लगे गुलाबी धौलपुरी पत्थरों से होती है जो यहाँ की एक बड़ी खूबी है। गाइड ने बताया कि इसे सन् 1876 में तत्कालीन महाराज सवाई रामसिंह ने इंग्लैंड की महारानी एलिजाबेथ प्रिंस ऑफ वेल्स युवराज अल्बर्ट के स्वागत किया था। उस समय पूरे शहर को गुलाबी रंग से सजा दिया था। तभी से शहर का नाम गुलाबी नगरी पड़ा है। राजा जयसिंह द्वितीय के नाम पर ही इस शहर का नाम जयपुर प्रचलन में हैं। जयपुर भारत के टूरिस्ट सर्किट गोल्डन ट्रायंगल का हिस्सा भी है। इस गोल्डन ट्रायंगल में दिल्ली, आगरा और जयपुर आते हैं। अर्थात यह तीन महत्वपूर्ण शहर नक्शे में एक त्रिभुजाकार आकृति निर्मित करते हैं। जयपुर शहर चारों ओर से दीवारों और परकोटों से घिरा हुआ है, जिसमें शहर की चौड़ी सड़कें परिवहन को व्यवस्थित करती है। जयपुर को आधुनिक शहरी योजनाकारों द्वारा सबसे नियोजित और व्यवस्थित शहरों में से

गिना जाता है। रात्रि विश्राम कर सुबह हम सबसे पहले हवामहल देखने पहुंचे। जब मैं हटा में स्कूली शिक्षा ले रहा था तब मुझे हवामहल की नोटबुक बहुत पसंद थी उनका पेज सफेद और चिकना होता था। मैं पन्नालाल की स्टेशनरी की दुकान से यह नोटबुक खरीदा करता था। नोटबुक के आगे या पीछे हवामहल का जो चित्र लगा होता था वह अब प्रत्यक्ष देख रहा था।

गाइड बता रहा था कि यह हवा महल सन 1799 में महाराजा सवाई प्रताप सिंह ने बनवाया था और इसे किसी ''राजमुकुट'' की तरह वास्तुकार लाल चंद उस्ता द्वारा डिजाइन किया गया था। इसकी अद्वितीय पाँच–मंजिला इमारत जो ऊपर से तो केवल डेढ़ फुट चौड़ी है, बाहर से देखने पर मधुमक्खी के छत्ते के समान दिखाई देती है, जिसमें 953 बेहद खूबसूरत और आकर्षक छोटी–छोटी जालीदार खिड़कियाँ हैं, जिन्हें झरोखा कहते हैं। इन खिड़कियों को जालीदार बनाने के पीछे मूल भावना यह थी कि बिना किसी की निगाह पड़े 'पर्दा प्रथा' का सख्ती से पालन करतीं राजघराने की महिलायें इन खिड़कियों से महल के नीचे सडकों के समारोह व गलियारों में होने वाली रोजमर्रा की जिंदगी की गतिविधियों का अवलोकन कर सकें। इसके अतिरिक्त, 'वेंचुरी प्रभाव' के कारण इन जटिल संरचना वाले जालीदार झरोखों से सदा ठण्डी हवा, महल के भीतर आती रहती है, जिसके कारण तेज गर्मी में भी महल सदा वातानुकूलित सा ही रहता था। ''वेंचुरी प्रभाव'' भौतिकशास्त्र का एक सिद्धांत है। जो एक इटली के भौतिक विज्ञानी गिओवानी बतिस्ता वेन्चुरी के नाम पर जाना जाता है। यह सिद्धांत कहता है कि किसी पाइप में द्रव का प्रवाह होने पर जहाँ पाइप पतला होता है (अर्थात जहाँ द्रव का वेग अधिक होता है) वहाँ द्रव का दाब कम हो जाता है, इसे ही वेंचुरी प्रभाव कहते हैं। इसलिए हवामहल में बारीक जालीदार झरोखे बनाय गये। हमारी पुरातत्व की यह धरोहर सिद्ध करती है कि भारत का वास्तुशिल्प वैज्ञानिक नियमों पर बनाया गया था।

इसके बाद हम लोग जयपुर के जलमहल को देखने पहुंच चुके थे। यह महल मानसागर झील के मध्य स्थित प्रसिद्ध ऐतिहासिक महल है। अरावली पहाडियों के गर्भ में स्थित यह महल झील के बीचों बीच होने के कारण ''आई बॉल'' भी कहा जाता है। इसे ''रोमांटिक महल'' के नाम से भी जाना जाता था। जयसिंह द्वारा निर्मित यह महल मध्यकालीन महलों की तरह मेहराबों, बुर्जो, छत्रियों एवं सीढीदार जीनों से युक्त दुमंजिला और वर्गाकार रूप में निर्मित भवन है। इसके बाद हमारी टूरिस्ट बस आमेर के किला की ओर बढ़ रही थी। हम आमेर के किला को देखकर हतप्रभ थे। इतनी ऊंची पहाड़ी पर किला वह भी इतना खूबसूरत। गाइड बता रहा था हम देख रहे थे। उस समय की बंदूक और शस्त्रों का शास्त्रागार देखकर मुझे लग रहा था कि यह सब पिछले जन्मों की

मेरी ही धरोहर है। ऐसा इसलिए भी लग रहा था कि मेरे पिता जी का नाम मानसिंह जी है और यह नाम जयपुर के इतिहास में सवाई लगकर कहीं ना कहीं आया है। सोच के विचित्र पंख होते हैं। कब कहां उड़ उड़ जाएं पता ही नहीं चलता। आमेर नगरी और वहाँ के मंदिर तथा किले भारतीय शिल्प कला का अद्वितीय उदाहरण है। यहाँ का प्रसिद्ध दुर्ग आज भी ऐतिहासिक फिल्मों के निर्माताओं को शूटिंग के लिए आमंत्रित करता है। मुख्य द्वार गणेश पोल कहलाता है, जिसकी नक्काशी अत्यन्त आकर्षक है। यहाँ की दीवारों पर कलात्मक चित्र बनाए गए थे और कहते हैं कि उन महान कारीगरों की कला से मुगल बादशाह जहांगीर इतना नाराज हो गया था कि उसने इन चित्रों पर प्लास्टर करवा दिया। ये चित्र धीरे-धीरे प्लास्टर उखड़ने से अब दिखाई देने लगे हैं। आमेर में ही है चालीस खम्बों वाला वह शीश महल है जहाँ माचिस की तीली जलाने पर सारे महल में दीपावलियाँ आलोकित हो उठती है। हाथी की सवारी यहाँ के विशेष आकर्षण है, जो देशी सैलानियों से अधिक विदेशी पर्यटकों के लिए कौतूहल और आनंद का विषय है। हम आनंदित थे। बचपन के किस्से जो राजा महाराजा के सुने थे वह देख रहा था सौरभ फोटो खींच रहा था। हमारे साथ विदेशी सैलानी भी थे जो हमसे अधिक सूक्ष्मता से वह इस वैभव को देख रहे थे। मेरे मन में उस वैभव को देखकर आज के टुटपुजया अमीरों पर रहम आ रहा था जो बंगला बगीचा घोड़ा गाड़ी पाकर अहम के बे लगाम घोड़े पर बैठकर तने अकड़े रहते है। अभी यह महल बने तीन चार सौ साल ही हुए हैं ना राजा बचे ना वह मुकुट। विश्व के तथाकथित अमीरों यहां आओ और वैभव का हश्र और नश्वरता का दर्शन कर मानव कल्याण का मार्ग प्रशस्त कर अमीर गरीब की खाई समतल कर दो। मैं भूगोल का शिक्षक हूं यह भी जानता हूं कि धन की हवस काम की हवश से अधिक तेज होती है। किन्तु नियति से मनुष्य जीत नहीं सकता। ग्लोबल वार्मिंग का काल अपने गाल बजाता हुआ आ रहा है। सुन सको तो सुन लो। अंत में खाक होना वैभव और धन की नियति है। हमने विचार श्रृंखला को भंग किया फिर देखा वहां पर कुछ दुकानें भी लगी थी जिनमें से सौरभ ने और मैंने कुछ यादगार वस्तुओं को क्रय भी किया था। अब बारी थी जयपुर की वेधशाला देखने की चूंकि मैं भूगोल विषय थोड़ा ही सही खगोलशास्त्र पढ़ चुका था इसलिए वेधशाला दर्शन को लेकर जिज्ञासु था। गाइड बता रहा था कि जयपुर का जन्तर मन्तर सवाई जयसिंह द्वारा 1724 से 1734 के बीच निर्मित एक खगोलीय वेधशाला है। यह कुछ समय पूर्व यूनेस्को के विश्व धरोहर सूची में सम्मिलित हुई है। मैंने देखें कि वेधशाला में 14 प्रमुख यन्त्र हैं जो समय मापने, ग्रहण की भविष्यवाणी करने, किसी तारे की गति का पता करने में उपयोगी होते थे। मुझे खुशी हुई कि वेधशाला का निर्माण कराने वाले राजा सवाई जयसिंह एक खगोल वैज्ञानिक भी थे, जिनके

योगदान से इस वेधशाला सहित पांच वेधशालाओं का निर्माण कराया गया था। ये वेधशालाएं जयपुर, दिल्ली, उज्जैन, बनारस और मथुरा में बनवाई गई। यद्यपि अब पांच वेधशालाओं में से केवल दिल्ली और जयपुर के जंतर मंतर ही शेष बचे हैं, बाकी काल के गाल में समा गए हैं। हमारा वैभव हमारी संस्कृति का दर्प रूप इस वेधशाला में मुझे दिख रहा था।

जयपुर से अजमेर या वापिस कोटा आने की मंत्रणा हम तीनों में हुई तो विचार बना कि जब यहां तक आ गये तो क्यों ना अजमेर भी देख लिया जाए। हम तीनों जयपुर से अजमेर 135 किलोमीटर की यात्रा करके शाम को आ गये। रात्रि एक होटल में विश्राम किया।

यह अजमेर एक ऐतिहासिक नगर है। जिसके बारे में अनेक उपन्यास और इतिहास की पुस्तकों में जिक्र होता है। कुछ लोग मानते हैं कि अजमेर को 8 वीं सदी में राजा अजयराज ने बसाया था। तब इसका नाम अजयमेरु था। कुछ लोगों का मानना है कि यहां मराठा शासन रहा। एक बुजुर्ग ने बताया कि 1556 में अजमेर पर मुगल बादशाह अकबर ने कब्जा कर लिया था। उसके बाद यहां अजमेर शरीफ दरगाह बनी।

अजमेर अरावली पर्वत पर बसा हुआ है। पृथ्वीराज चौहान का किला पहाड़ी पर बना हुआ है, कुछ लोग मानते हैं कि गौरी ने तराईन के द्वितीय युद्ध में 1192 में इसी किले में पृथ्वीराज चौहान को मार दिया था। यह सही है कि नहीं यह इतिहासकार ही बता सकते हैं।

सुबह सबसे पहले हम अजमेर शरीफ दरगाह पर चादर चढ़ाने पहुंचे। दरगाह का भव्य दरवाजा था दरवाजे के बाहर से ही पंक्तिबद्ध होकर हम दरगाह पर पहुंचे और बाबा को सज्दा कर चादर चढ़ाई। अंदर बहुत शांतिपूर्ण वातावरण था। वहां से जब हम बाहर निकलें तो सूखे मेवों का प्रसाद लिया। दरगाह शरीफ के भीतर हिन्दू मुस्लिम का भेद समाप्त हो जाता है। हमारे संत और फकीर जीते हुए यही सिखाते रहे और ख़ाक होकर भी यही संदेश दे रहे हैं। नानक कबीर मीरा रसखान से लेकर रामकृष्ण परमहंस और विवेकानन्द तक सभी याद आते रहे।

अजमेर के पास ही 11 किलोमीटर की दूरी पर पुष्कर स्थित है। एक टैक्सी कर हम वहां पहुंचे। पुष्कर में कार्तिक पूर्णिमा को मेला लगता है, जिसमें बड़ी संख्या में देशी-विदेशी पर्यटक भी आते हैं। पुष्कर के पास ही रेगिस्तान शुरू होता है। जो लोग पुष्कर आते हैं उन्हें ऊंट या ऊंट गाड़ी की सवारी बहुत अच्छी लगती हैं। हमने भी ऊंट गाड़ी लेकर पुष्कर के रेगिस्तान में यात्रा की यहां पास में वह पर्वत है जहां कुछ समय पहले राखी एक्ट्रेस की उस फिल्म की शूटिंग हुई थी जिसमें राखी कहती है – ''मेरे दो अनमोल रत्न आयेंगे। जरूर आयेंगे। ''

हमने ब्रह्माजी का वह मंदिर भी देखा जहां ब्रह्मा जी की पूजा नहीं की जाती है। गाइड ने

बताया यहां जब मुहम्मद गौरी ने हमला किया था तो पृथ्वीराज चौहान का साथी कवि चंदबरदाई इसी मंदिर में छुप कर जान बचाई थी।

इसके बाद हम पुष्कर झील पहुंचे। पुष्कर झील बहुत बड़ी झील है। पुष्कर शहर इसी के चारों तरफ बसा हुआ है। पुष्कर झील के 52 घाट है। लोगों की मान्यता है कि पुष्कर झील में स्नान करने से त्वचा के रोग मिट जाते हैं। पुष्कर झील के बारे में मान्यता है कि इसे ब्रह्मा जी ने बनाया था। यह सच है कि रचनाकार तो सृष्टि के केवल एक वहीं हैं। तुम चाहे जिस नाम से पुकारो। वही विश्वकर्मा है वही त्रिदेव है। सारे पंथ और धर्मों में वही है साकार या निराकार। सारी सृष्टि के रचयिता बस तुम केवल एक हो आदि अनन्त दिगंत।

हमने वह स्थान भी देखा जहां भारत का प्रसिद्ध पशु मेला लगता है। पशुओं का क्रय विक्रय किया जाता है। सोचता रहा जब चरागाह युग था उसके पहले पशु स्वतंत्र थे। उनका मालिक कोई नहीं था। मनुष्य ने कृषि करना सीखा और उपयोगी पशुओं को एक प्रकार से बंदी बनाकर उनका मालिक बन बैठा। अब मालिकाना हक त्यागने पाने का ही तो पशुओं का व्यापार है।

मानव ने पहले भूमि पर कब्जा किया और उसका पूरा दोहन इसी प्रकार वनों का फिर पशुओं का अब पूरी प्रकृति का किया है। मनुष्य शायद भूल गया कि वह खुद प्रकृति से जन्मा है, इसलिए प्रकृति से बड़ा नहीं हो सकता है। जब जब बड़ा बनने की कोशिश की है प्रकृति प्रलयकारी रूप लेकर मानव और मानवीय रचनाओं को जमींदोज कर देती है। विज्ञान और पुराण इस बात से सहमत हैं कि अभी तक चार प्रलय आ चुके हैं। भूगोल में जिसे हम चार हिमयुग के रूप में पढ़ाते हैं। विश्व का मानव सुन नहीं पा रहा है पांचवें प्रलय की पदचाप यह आयेगा किसी दिन चुपचाप। अब यात्रा के अंत में यही कहूंगा –

जयपुर नगर पधारना, मोहक लगे अतीत।

समय कभी ना ठहरता, जल्दी जाता बीत।।

गुजरात का दर्शन

मनुष्य एक यायावर ही तो है। बचपन में सारे घर में मुहल्ले में दौड़ धूप, खेल, धमाचौकड़ी, मामा, फूफा के गांव नदी नालों की यायावरी करते हुए स्कूल कालेज के रास्ते नापते हुए ससुराल की गैल के बाद गृहस्थ जीवन में प्रवेश कर जाते हैं। गृहस्थ जीवन में की गई यात्रा में जीवन साथी और बच्चे भी साथ हो जाते हैं। हुआ भी यही था बात मई 2014 की है। गुजरात के भुज जिले में एक राष्ट्रीय स्तर का सेमीनार था कुछ साथियों से चर्चा हुई तो सभी सपरिवार चलने तैयार हुएं। सबने तय किया पहले सोमनाथ चलेंगे। दमोह से गुजरने वाली सोमनाथ ट्रेन से मैं और श्रीमती रंजना सिंह, बहादुर सिंह और उनकी श्रीमती, बीना से एडवोकेट धीरज सिंह और उनकी श्रीमती साथ में चार साल का बच्चा, एडवोकेट किशोरी लाल ताम्रकार, आचार्य पूरन सिंह वह उनकी श्रीमती बैठकर सीधे सोमनाथ स्टेशन पर सायंकाल जब उतरे तो देखा पश्चिम रेल्वे का यह अंतिम स्टेशन है। स्टेशन साफ सुथरा और सुन्दर था। स्टेशन से बाहर निकल कर टेक्सी चालक से कहा सोमनाथ मंदिर परिसर के पास किसी सस्ती सी होटल ले चलो। होटल जाते समय देखा कि सोमनाथ में सिर्फ मंदिर नहीं है यहां लकड़ी के बड़े बड़े जहाज बनाये जाते हैं। भीमकाय विशाल जहाज बने अधबने दिख रहे थे। समय सारणी सबको याद थी सेमिनार से पहले तीन दिन हमारे पास थे। सुबह नहा–धोकर तैयार हो कर मंदिर परिसर में प्रवेश किया तो देखा एक विशाल भव्य मंदिर सामने थे मंदिर परिसर में सरदार बल्लभ भाई पटेल की भव्य प्रतिमा स्थापित है। मंदिर के पीछे अरब सागर हिलोरें ले रहा था। कतार बद्ध होकर सोमनाथ के दर्शन किये। किन्तु बड़ी देर तक परिसर के आसपास घूमते रहे। इस मंदिर को बारह ज्योतिर्लिंग में से एक शिव मंदिर ही माना जाता है। मंदिर के बारे में अनेक किंवदंतियां और लोककथाएं है। इसके ऐतिहासिक पक्ष को देखें तो यहां के एक बुजुर्ग दुकानदार ने बताया कि हम सुनते आये हैं आठवीं सदी में सिन्ध के अरबी गवर्नर जुनायद ने इसे नष्ट करने के लिए अपनी सेना भेजी। गुर्जर प्रतिहार राजा नागभट्ट ने 815 ईस्वी में इसका तीसरी बार पुनर्निर्माण किया। इस मन्दिर की महिमा और कीर्ति दूर–दूर तक फैली थी। अरब यात्री अल–बरुनी ने अपने यात्रा वृत्तान्त में इसका विवरण लिखा जिससे प्रभावित हो महमूद गजनवी ने सन 1024 में कुछ 5, 000 साथियों के साथ सोमनाथ मन्दिर पर हमला किया, उसकी सम्पति लूटी और उसे नष्ट कर दिया। 50, 000 लोग मन्दिर के अन्दर हाथ जोड़कर पूजा अर्चना कर रहे थे, प्रायः सभी कत्ल कर दिये गये।

इसके बाद गुजरात के राजा भीम और मालवा के राजा भोज ने इसका पुनर्निर्माण कराया।

सन 1297 में जब दिल्ली सल्तनत ने गुजरात पर कब्जा किया तो इसे पाँचवीं बार गिराया गया। मुगल बादशाह औरंगजेब ने इसे पुनः 1706 में गिरा दिया। इस समय जो मंदिर खड़ा है उसे भारत के गृह मन्त्री सरदार वल्लभ भाई पटेल ने बनवाया और पहली दिसम्बर 1955 को भारत के राष्ट्रपति डॉ० राजेन्द्र प्रसाद ने इसे राष्ट्र को समर्पित किया। मंदिर की विशालता और भव्यता मनोरम थी।

सोमनाथ जी को नमस्कार कर हम लोग द्वारकाधीश मंदिर के लिए बस से रवाना हुए, सभी भगवान् में मुझे कृष्ण अच्छे लगते हैं क्योंकि वह नटनागर थे और मैं बचपन से नटखट। मेरे गांव में रासलीला आती थी तो मथुरा के उन कलाकारों से मेरी दोस्ती हो जाती थी। दोस्ती के कारण ही अगले साल यदि वह रुसन्दों की जगह बेला पुरवा में रासलीला करते थे तो मैं यह देखने जाता था कि परिचित कलाकार कौन कौन है। मुझे दूसरे गांव में देख वह सखी राधा या कृष्ण बने सजे देख मुस्कुरा जाते थे। आंखों ही आंखों में हमारी बात हो जाती थी। इसलिए कृष्ण का सखा भाव आज मुझे द्वारका ले जा रहा था। रास्ते में एक बड़ी दुर्घटना टली हम लोग सायं सात आठ बजे द्वारका पहुंच ही रहे थे कि कुछेक चालीस किलोमीटर पहले एक व्यक्ति ने बस को रोकने हाथ से इशारा किया किंतु बस की रफ्तार अधिक थी, बीच रोड पर हाईटेंशन लाइन का बिजली तार टूटा सड़क पर पड़ा था। मैं आगे ही बैठा था। बस उस तार से गुजरी मैंने जोर से कहा कुछ नहीं होगा द्वारकाधीश सखा जो है मेरे। ड्राईवर भी अनुभवी और समझदार था, उसने सामने संकट को देखते हुए ब्रेक की जगह एक्सीलेटर पर पैर दबाकर गति तेज कर दुर्घटना को टाल दिया। इसलिए अनुभव हमेशा सबसे बड़ा शिक्षक कहा जाता है। जीवन में गति कभी दुर्घटना है तो कभी गति सुरक्षा भी है। इस दुर्घटना से बचने का कारण गति ही था। आग हो या बिजली संपर्क का क्षण अंश जितना कम हो इनके प्रकोप से बचाता है संपर्क का क्षण अंश अधिक हो तो झुलसना तय था। जो लोग जलते हुए अंगारों पर दौड़ते हैं उसका विज्ञान भी यही है और चमत्कार भी यही है। रात्रि विश्राम कर सुबह हम द्वारकाधीश के मंदिर में थे। द्वारका गोमती नदी और अरब सागर के पश्चिमी तट पर स्थित है। यह चारधाम में से एक धाम है। सप्तपुरी (सबसे पवित्र प्राचीन नगर) में से भी एक है। ऐसी मान्यता है कि श्रीकृष्ण के प्राचीन राज्य द्वारका का यही स्थल है। गुजरात की यह प्रथम राजधानी भी मानी जाती है। धर्मग्रन्थों के अनुसार, भगवान कृष्ण ने इसे बसाया था। यह श्रीकृष्ण की कर्मभूमि है। द्वारकापुरी के रहस्यों से जुड़ी कई कथाएं प्रचलित हैं कि कैसे श्रीकृष्ण की नगरी समुद्र में डूब गई। द्वारकापुरी के तीन भाग समुद्र में डूबे हुए हैं। द्वारकापुरी के कई द्वार हैं। इसका सिर्फ एक भाग ही, जिसे बेट द्वारका कहते हैं समुद्र में बने टापू पर मौजूद है। इस द्वार

से जुड़ी एक कहानी है। ऐसी मान्यता हैं कि मीराबाई यहां श्रीकृष्ण से मिलने पहुंची थीं। उस वक्त श्रीकृष्ण ध्यान में थे। इस पर मीराबाई उनकी मूर्ति में समा गई थीं। इसी जगह पर गोमती (गुजरात), कोशावती और चंद्रभागा नदी का संगम है। यहां एक बड़ा रहस्य है, जिसे आज तक कोई नहीं समझ पाया। यहां पांडवों के पांच कुएं हैं। चारों ओर समुद्र का पानी खारा है, लेकिन कुएं का पानी मीठा है। मुख्य द्वारिका से बैट द्वारिका जाते समय दाहिनी ओर एक गोपी कुंड भी मिलता है जिसके बारे में गाइड बताता था कि यहां गोपियों ने जल समाधि लेकर प्राण त्याग दिए थे।

बैट द्वारिका के लिए जहाज में बैठकर आना जाना हुआ। वह द्वारिका अति प्राचीन है। इसलिए द्वारिका को प्राचीनतम पुरी शायद इसलिए कहते हैं। द्वारिका धाम घूम लिया था। कुछ पर्यटक साथियों ने बताया कि पास में ही दीव दीप पर्यटन क्षेत्र है। द्वारिका से 60-70 किलोमीटर होगी। मैं चूंकि भूगोल का छात्र और शिक्षक था इसलिए दीव दीप के बारे में पढ़ा था। देखने की जिज्ञासा हुई तो हमारी टोली के कुछ साथी मेरे साथ दीव चलने टैक्सी में बैठ गये और हम दीव देखने लगे।

दीव में सबसे पहले हमने किला का भ्रमण किया हमारे गाइड ने बताया कि पुर्तगालियों द्वारा दीव द्वीप के अपने औपनिवेशिक शासन के दौरान इसे बनाया था। यह शहर के पश्चिम में स्थित है। किला 1535 में गुजरात के सुल्तान बहादुर शाह और पुर्तगालियों द्वारा बनाए गए रक्षा गठबंधन के बाद बनाया गया था। गाइड बता रहा था कि हुमायूं मुगल सम्राट ने इस क्षेत्र पर कब्जा करने के लिए युद्ध छेड़ दिया था। 1541 में फिर किए गए कुछ परिवर्धन कर किले को 1546 तक मजबूत किया गया था। पुर्तगालियों ने इस क्षेत्र पर 1537 से 1961 तक शासन किया। भारत सरकार द्वारा शुरू किए गए ऑपरेशन विजय नामक एक सैन्य कार्रवाई के दौरान पुर्तगालियों को दीव छोड़ने मजबूर किया और भारत द्वारा केंद्र शासित केंद्र प्रदेश के रूप में शामिल कर लिया गया। यहां किले पर कुछ तोपों के साथ छाया चित्र भी लिए।

यहां का प्रकाश स्तंभ दीव का उच्चतम बिंदु है, जिसकी किरण हर दिशा में 32 किमी तक पहुंचती है। किले के बाद सेंटपाल चर्च देखने गये। चर्च का निर्माण 1601 में प्रारंभ हुआ और 1610 में यह बनकर तैयार हुई ऐसा गाइड ने बताया। यह भारत की कुछ पुर्तगाली चर्चो में से एक है।

हम लोग नगवा समुद्र तट पहुंचे जो एक उत्तम समुद्र तट है। यहाँ पर समुद्र में वाटर स्पोर्ट की भी सुविधा उपलब्ध है। हमारे पास खेलने का समय नहीं था।

दीव में शिव जी का मंदिर गंगेश्वर भी है जो अतिप्राचीन मंदिर माना जाता है। यहाँ पर पाँच शिवलिंग है। यहाँ के लोगो का यह मानना है की पांडवो ने वनवास के दौरान कुछ समय यहाँ बिताया था। अन्य स्थलों में घोघला समुद्र तट, जालंधर समुद्र तट, सेंट थॉमस चर्च, सेंट फ्रांसिस

चर्च, सी शेल अजायबघर भी दर्शनीय है ।

वापिस द्वारिका लौटकर बस के रास्ते अपने अंतिम गंतव्य भरूच जिला की ओर बस से रवाना हुए ।

हम भरूच जिले में यात्रा कर रहे थे । नर्मदा जो हमारे मप्र के विंध्यांचल से निकल कर भरूच हमारे साथ विशाल जलराशि लेकर साथ चल रही थी । यहाँ सतपुड़ा मां नर्मदा ने अपने बाजुवंदो से उठाकर जलोढ़ मिट्टी का उपजाऊ बेसिन बना दिया । यहां भरूच से पहले नर्मदा की चौड़ाई लगभग 1.5 किमी भरूच के पास और 3 किमी तथा कैम्बे की खाड़ी के मुहाने में 21 किमी तक फैलकर अरब सागर में विलिन हो जाती है । मां नर्मदा को सागर मिलन से ही पहले छोड़कर भरूच की झगडिया विधानसभा में स्थित छोटू भाई वसावा के फार्म में आ गए । इसी फार्म हाउस में तीन दिवसीय सेमीनार आयोजित थी । सेमीनार में हरियाणा, पंजाब, गुजरात, महाराष्ट्र, उप्र, बिहार, मध्यप्रदेश, और झारखंड सहित लगभग 80–90 बुद्धिजीवी पहुंच चुके थे । इस क्षेत्र में यह फार्म हाउस एक अकेला नहीं था यहां बहुत से फार्म हाउस थे । सभी हरे भरे थे । केला, आम के पेड़ बहुत अधिक मात्रा में खेत की मेड़ पर लगे थे । मौसमी फल और जैविक सब्जियां यहां लगी थी । सुबह का अल्पाहार खेत में लगे पपीता, लंगड़ा आम केला और अन्य फलों का ही होता था । छोटू भाई वसावा उस समय कुछ अस्वस्थ होने से कार्यक्रम में सहभागी नहीं हुएं किन्तु उनकी श्रीमती जो उस समय भरूच की जिला पंचायत अध्यक्ष थी वह तीनों दिवस सहभागिता निभाती रही । वनांचल में स्थित भरूच के इन फार्म हाउसेस में प्राकृतिक शस्य श्यामला ने वैभव भर दिया था । सेमिनार में पधारे महाराष्ट्र और पुने के विश्वविद्यालयों के प्रोफेसर वक्ताओं ने तक्षशिला नालंदा का बौद्ध कालीन भारत, मौर्य कालीन भारत से लेकर पुनर्जागरण काल का भारत पर विस्तृत प्रकाश डाला । वर्तमान भारत और हमारी जवाबदेही पर सीधी बात की । भारत हमारी धरोहर है संविधान में हमारी आस्था है । इन वाक्य सूत्रों को दुहराते हुए तीन दिवसीय सेमिनार का समापन हुआ । आवास भोजन और अल्पाहार की सभी व्यवस्थाएं श्रीमती वसावा की ओर से थी ।

यह आयोजन संवैधानिक ज्ञान सभा के सहयोग से आयोजित किया गया था । जिसमें महेश मानव सहित गुजरात के सामाजिक कार्यकर्ता वेरसीभाई गड़वी और जयन्तीभाई मनानी का विशेष सहयोग रहा । गुजरात के भरूच जिले से 35 किलोमीटर दूर विधायक छोटुभाई वसावा के फार्म हाउस पर तीन दिवसीय संवैधानिक ज्ञान सभा की कार्यशाला 30 मई से 1 जून तक सम्पन्न हुई जिसमे देश के 17 राज्यों से लगभग 300 प्रशिक्षकों ने सहभागिता निभाई ! भारतीय संविधान सामाजिक न्याय का दस्तावेज है ! भारतीय संविधान की जानकारी और सरकारों द्वारा उस पर

अमल करना जरुरी हैं। प्रशिक्षण प्रदान करनेवाले अंतर्राष्ट्रीय स्तर के वक्ता प्रोफ़ेसर हरी नरके, भारतीय प्रशासनिक सेवा के पूर्व अधिकारी श्री बोरकर जैसे वक्ताओं ने बड़ी ही सहजता से तीन दिन तक प्रशिक्षण दिया ! वातानुकूलित हाल में रहने की पूर्ण सुविधा थी।

अंतिम दिवस विदाई के समय छोटू भाई के स्वास्थ्य का हाल चाल देखने उनके वही समीप स्थित आवास पर मुलाकात करने गए। सहज सरल व्यक्तित्व का धनी छोटू भाई वसावा बड़े आत्मीय भाव से मिले। छोटू भाई वसावा लगातार छः बार से जेडीयू दल से विधायक थे। वनांचल में अपना निवास बनाकर रहते थे। छोटू भाई क्षेत्र में बहुत लोकप्रिय थे। वनांचल क्षेत्र के लोग छोटू भाई को टाइगर कहते थे। वापिसी के लिए हम लोग भरुच से बडौदरा पहुंचे, बडौदरा से ट्रेन में सीट पहले से रिजर्व थी। हम लोग गुजरात यात्रा की सुनहरी यादें लेकर वापिस दमोह आ गये।

सागर हैं पग चूमता, हैं जहां सोमनाथ।

यादें यह गुजरात की, आईं मेरे साथ।।

दक्षिण भारत की यात्रा

यह बात फरवरी 2014 की है । दिव्या का जन्म दिवस दस फरवरी को रहता है । दिव्या हुवावे बहुराष्ट्रीय कंपनी में सीनियर साफ्टवेयर इंजीनियर के तौर पर बैंगलौर में पदस्थ थी। मैंने श्रीमती रंजना सिंह ने उसी हिसाब से दक्षिण दर्शन की योजना तैयार की और जबलपुर से बैंगलौर बैंगलोर से जबलपुर व्हाया बाम्बे की फ्लाईट बुक कर दी । जाने की तारीख सात फरवरी 2014 थी । टिकिट लगभग डेढ़ माह पहले बुक कर दिया था । यात्रा के कुछ दिन पहले दिव्या ने फोन पर बताया कि उसकी कंपनी जनवरी में ईरान छै माह के लिए भेज रही है । दिव्या ईरान की राजधानी तेहरान चली गई । मैंने सोचा हवाई यात्रा रद्द कराना उचित नहीं इसलिए दक्षिण भारत भ्रमण ही ठीक रहेगा । मैंने गूगल पर ट्रेवल एजेंसी ढूंढ कर एक केरल की एजेंसी से संपर्क किया । बैंगलोर से दक्षिण भारत की यात्रा का पैकेज ले लिया । इस पैकेज में बैंगलोर तक खुद के खर्च पर पहुंचना था । यह पैकेज लगभग तीस पैंतीस हजार का था जिसमें होटल और टैक्सी फ्री थे खाना खुद का था लगभग सात दिन का टूर था । मैं और रंजना सिंह पहले जबलपुर से मुंबई मुंबई से बैंगलोर हवाईअड्डे पर पहुंचे । यह हवाईअड्डा बंगलौर शहर से बहुत दूर है किंतु आधुनिक ढंग से बना यह हवाई अड्डा बहुत ही सुन्दर और भव्य है । हमारा इंतजार पैकेज की टैक्सी कर रही थी । वह टैक्सी हमें पैकेज की ही किसी होटल में ले गई । वहां हमारी मुलाकात परिचित के भतीजे अभिषेक नरवरिया से हुई । उसने बताया बैंगलोर में भी घूमने के लिए बहुत कुछ है । मैंने उसे बताया यह अभी पैकेज में नहीं है । दोबारा जब आऊंगा तब देखूंगा । सुबह टैक्सी से हम जब बैंगलौर से मैसूर जा रहे थे तो बैंगलोर की विधानसभा दिखी जो बहुत सुंदर लगती थी । बैंगलोर निकलने के बाद तथा श्रीरंगपटनम के पहले रामनगर की वह पहाड़ियां मिलती है जहां 1970 में बनी फिल्म शोले की शूटिंग हुई थी । शोले फिल्म आज तक सबसे अधिक हिट हुई वह फिल्म है जो सालों साल सिनेमा घरो से उतरी ही नहीं । गब्बरसिंह एक बेल्ट लिए जिस पहाड पर घूमते हुए संवाद बोलता था वह इसी पहाड़ी के दृश्य थे । ट्रेन का दृश्य भी यहीं से समीप निकली रेल पटरी से लिया गया था । हम सब देखते सुनते हम श्रीरंगपटनम पहुंचे । श्रीरंगपटनम में का मंदिर और उसका समतल परिसर बहुत ही रमणीय स्थल था, वहां जामा मस्जिद भी पास में ही थी जहां टीपू सुल्तान नमाज अदा करते थे । टीपू सुल्तान अंग्रेजों के खिलाफ बड़ी बहादुरी से लड़े थे इसलिए उनके पिता हैदर अली ने शेर ए मैसूर के खिताब से नवाजा था । श्रीरंगपटनम की रक्षा करते हुए 4 मई 1799 को टीपू सुलतान की मौत हो गई थी ।

श्रीरंगपटनम से कुछ दूर एक पक्षी अभ्यारण्य देखने पहुंचे। उस अभ्यारण्य में अनेकों प्रकार के पक्षी देखने को मिले। रंगीबिरंगी चिड़िया उनकी आवाजें बड़ी मनमोहक थी। वहां एक जलाशय भी था जलाशय में मगरमच्छ भी पले हुए थे। वहां से हम वृन्दावन उद्यान पहुंचे जहां पर कुछ भारतीय फिल्मों की शूटिंग भी हो चुकी है। बृंदावन उद्यान मैसूर नगर में स्थित एक प्रसिद्ध पर्यटन स्थल है। यह उद्यान कावेरी नदी में बने कृष्णासागर बांध के साथ सटा है। इस उद्यान की आधारशिला 1927 में रखी गयी थी और इसका कार्य 1932 में सम्पन्न हुआ। गाइड ने बताया यहां हर वर्ष लगभग 20 लाख से अधिक पर्यटक आते हैं। यह उद्यान मैसूर के मुख्य आकर्षणों में से एक है। इस गार्डन में सायं को लाईट का शो देखा जो ध्वनि और प्रकाश का अद्भुत मिश्रण से मोहक बन जाता है। रात्रि विश्राम मैसूर के होटल में किया।

सुबह नाश्ता करने के बाद मैसूर के उस महल में पहुंचे जो भव्य अनुपम और आलीशान था इस महल को महाराजा पैलेस भी कहा जाता है। गाइड ने बताया कि इसे मैसूर के कृष्णराजा वाडियाल चतुर्थ ने बनवाया था। पहले यह राजमहल चन्दन की लकड़ियों से बना था। एक दुर्घटना के बाद यह दूसरा महल बनवाया गया। पुराने महल को बाद में ठीक किया गया जहाँ अब संग्रहालय है।

मैसूर पैलेस दविड़, पूर्वी और रोमन स्थापत्य कला का अद्भुत संगम है। इसे घिसे सलेटी पत्थरों से बनाया गया है। यह महल गुलाबी रंग के पत्थरों के गुंबदों से सजा हुआ होने से बहुत ही भव्य दिखता है। महल में एक बड़ा सा दुर्ग है जिसके गुंबद सोने के पत्तरों से सजे हैं। ये सूरज की रोशनी में खूब जगमगाते हैं। अनेक देशी विदेशी पर्यटक उसके वैभव को अपने कैमरों में कैद कर रहे थे। हमने भी कुछ फोटो वहां खींचे और कुछ वहां के फोटोग्राफर से बनवाये। वह भव्य महल छोड़ने का मन नहीं कर रहा था लेकिन मन तो चलायमान है। मन ही सबसे बड़ा यायावर है। वह एक जगह कभी ठहरता ही कहां है। वह तो खग के पंखों को मात देकर उड़ान भरता ही रहता है। हम लोग मैसूर के चिड़ियाघर में थे। जंगली जानवरों का सरकारी घर ही चिड़ियाघर कहलाता है। जानवरों के घर को चिड़ियाघर शायद इसलिए कहते हैं कि यहां जानवरो को भी चिड़िया के जैसे घौंसला घरों में कैद कर दिया जाता है। इस चिड़ियाघर का क्षेत्रफल बहुत बड़ा था। दोपहर का भोजन भी यहीं किया। मैसूर की सिल्क साड़ियां प्रसिद्ध है। इसलिए लौटते हुए बाजार से श्रीमती जी ने दो साड़ियां खरीदी। उसी रात हम बैंगलौर वापिस आ गए। सुबह मदुरै के लिए ट्रेन में रिजर्वेशन था।

मदुरई दक्षिण दर्शन का प्रवेश द्वार है। इसे दक्षिण का हरिद्वार कह सकते हैं। यहां मुख्य

आकर्षण मीनाक्षी मंदिर है जिसके ऊंचे गोपुरम और दुर्लभ मूर्तिशिल्प श्रद्धालुओं और सैलानियों को आकर्षित करते हैं। इस कारण इसे मंदिरों का शहर भी कहते है। मदुरई या मदुरै यह तमिलनाडु राज्य का प्राचीनतम शहर है। इस शहर को कई अन्य नामों से बुलाते हैं, जैसे कूडल मानगर, तुंगानगर (कभी ना सोने वाली नगरी), मल्लिगई मानगर (मोगरे की नगरी) था। इसे पूर्व का एथेंस भी कहते हैं। यह वैगई नदी के किनारे बसा हुआ है। लगभग 2500 वर्ष पुराना यह नगर भारत का एक महत्वपूर्ण सांस्कृतिक और व्यावसायिक केंद्र है। मीनाक्षी मंदिर के गुंबद और वैभव देखते ही हमें अपने स्वर्णिम हिंद के अतीत की याद आती है। मदुरई से अब हम महान वैज्ञानिक और भारत के पूर्व राष्ट्रपति माननीय एपीजे अब्दुल कलाम की जन्मभूमि धनुषकोडी गांव मतलब रामेश्वरम की ओर प्रस्थान कर गए। हमारा रुकना जिस होटल में हुआ उसके ठीक पीछे एपीजे अब्दुल कलाम जी का घर था जो अब एक संग्रहालय में बदल गया था। रामेश्वरम जिसे तमिल लहजे में ''इरोमेस्वरम'' भी कहा जाता है, भारत के चार धामों में से एक धाम है। रामेश्वरम द्वीप (पाम्बन द्वीप) पर स्थित है, जो भारत की मुख्यभूमि से पाम्बन जलसन्धि द्वारा अलग है और श्रीलंका के मन्नार द्वीप से 40 किमी दूर है। भौगोलिक रूप से यह मन्नार की खाड़ी पर स्थित है।

सुबह तैयार होकर हम सबसे पहले रामेश्वर मंदिर पहुंचे। मंदिर के सामने हिन्द महासागर हिलोरें भरता है। यहां प्रतिवर्ष लाखों की तादाद में श्रद्धालु पहुंचते हैं। लिंग के रूप में इस मंदिर में मुख्य भगवान श्री रामनाथस्वामी को माना जाता है जो वैष्णववाद और शैववाद का एक संगम है। गाइड बता रहा था कि वर्तमान के इस मंदिर को 17 वीं शताब्दी में बनवाया गया था। जानकारों के अनुसार राजा किजहावन सेतुपति या रघुनाथ किलावन ने रामेश्वरम मंदिर के निर्माण कार्य की आज्ञा दी थी। मंदिर के निर्माण में सेतुपति साम्राज्य के जफ्फना राजा का योगदान महत्वपूर्ण रहा है। इस मंदिर की भव्यता जितनी बड़ी है उतनी बड़ी दिव्यता और महिमा भी है, इसलिए लाखों श्रद्धालुओं यहां आते है। दर्शन उपरांत हम रामेश्वर के उस पुल को देखने गये जो पुल समुद्र के भीतर है जिसके बारे में कहा जाता है कि यह पुल रामायण काल में नल नील ने बनाया था। इसी से पार होकर रामसेना लंका पहुंची थी। वहीं पर एक दूरबीन रखी थी जिसमें रामेश्वर का वह पुल बहुत दूर तक दिखाई देता था। यद्यपि ऐसी समुद्रीय रचनाएं भूगोल में पढ़ाई जाती है। पुल देखने के बाद विभीषण मंदिर देखा। उसके बाद एपीजे अब्दुल कलाम का वह घर जहां आसपास मछुआरों की बस्ती थी। कलाम साहब का यह घर एक संग्रहालय में बदल गया है। यह संग्रहालय नवपीढी को हमेशा यह पाठ पढ़ाता रहेगा कि वैज्ञानिक बनने के लिए धन की नहीं युक्ति और श्रम

की जरूरत होती है।

रामेश्वर दर्शन के बाद हमारी टैक्सी जब कन्याकुमारी की ओर जा रही थी तब हम रास्ते में नमक के खेत देख रहे थे। तमिलनाडु के किसान समुद्र का पानी अपने खेतों में भर लेते हैं पानी जब सूख जाता है तब खेत में नमक की सतह शेष रह जाती है जिसका संग्रहण और शोधन से नमक तैयार हो जाता है। हमारी टैक्सी भारत के अंतिम छोर कन्याकुमारी पहुंच चुकी थी।

कन्याकुमारी के दक्षिण में हिन्द महासागर, पूर्व में बंगाल की खाड़ी तथा पश्चिम में अरब सागर का संगम स्थल है, जहां भिन्न सागर अपने विभिन्न रंगो से मनोरम छटा बिखेरते हैं। कन्याकुमारी वर्षो से कला, संस्कृति, सभ्यता का प्रतीक रहा है। भारत के पर्यटक स्थल के रूप में भी इस स्थान का अपना ही महत्व है। दूर–दूर फैले समुद्र के विशाल लहरों के बीच यहां का सूर्योदय और सूर्यास्त का नजारा बेहद आकर्षक लगता हैं। समुद्र बीच पर फैली रंग बिरंगी रेत इसकी सुंदरता में चार चांद लगा देता है। कन्याकुमारी में अम्मन मंदिर सागर के मुहाने के दाई ओर स्थित यह एक छोटा सा मंदिर है जो पार्वती को समर्पित है। मंदिर तीनों समुद्रों के संगम स्थल पर बना हुआ है। यहां सागर की लहरों की आवाज कर्णप्रिय संगीत की भांति सुनाई देती है। भक्तगण मंदिर में प्रवेश करने से पहले त्रिवेणी संगम में डुबकी लगाते हैं जो मंदिर के बाई ओर 500 मीटर की दूरी पर है। यही पास में गाँधी मंडप स्मारक है। यह स्मारक राष्ट्रपिता महात्मा गांधी को समर्पित है। यही पर महात्मा गांधी की चिता की राख रखी हुई है। इस स्मारक की स्थापना 1956 में हुई थी। महात्मा गांधी की 1948 में यहां अस्थियां विसर्जित की गई थी। स्मारक को इस प्रकार डिजाइन किया गया है कि महात्मा गांधी के जन्म दिवस पर सूर्य की प्रथम किरणें उस स्थान पर पड़ती हैं जहां महात्मा की राख रखी हुई है। समीप ही तिरुक्कुरुल की रचना करने वाले अमर तमिल कवि तिरुवल्लुवर की प्रतिमा पर्यटकों को बहुत लुभाती है।

यह मूर्ति 38 फीट ऊंचे आधार पर बनी यह 95 फीट की है। इस प्रतिमा की कुल उंचाई 133 फीट है और इसका वजन 2000 टन है। इस प्रतिमा को बनाने में कुल 1283 पत्थर के टुकड़ों का उपयोग किया गया था। अंत में हम जहाज द्वारा विवेकानंद राक पर पहुंचे। विवेकानंद मेरे आदर्श हैं। समुद्र में बने इस स्थान पर बड़ी संख्या में पर्यटक आते है। इस पवित्र स्थान को विवेकानंद रॉक मेमोरियल कमेटी ने 1970 में स्वामी विवेकानंद के प्रति सम्मान प्रकट करने के लिए बनवाया था। इसी स्थान पर स्वामी विवेकानंद ने गहन ध्यान लगाया था। इस स्थान को श्रीपद पराई के नाम से भी जाना जाता है। गाइड बता रहा था कि यहां ऐसी प्राचीन मान्यता है कि इस स्थान पर कन्याकुमारी ने भी तपस्या की थी जहां कुमारी देवी के पैरों के निशान मुद्रित हैं। यह स्मारक विश्व

प्रसिद्ध है। विवेकानंद राक पर विवेकानंद की प्रतिमा जैसे कह रही थी–उतिष्ठ भारत।

हम कन्याकुमारी से निकलकर केरल की ओर जा रहे थे। कभी पढ़ा था – केरल प्रकृति का चहेता पुत्र। केरल में प्रवेश करते ही इस बात का अहसास हो रहा था। मैंने जिस लड़की से पैकेज दिया था उसे बोलकर रखा था कोवलम बीच पर मेरा होटल भले मंहगा हो लेकिन वही रखना जहां से बीच का नजारा दिखाई देता हो।

सायं को हम कोवलम बीच के तट पर बने होटल में थे। इस बीच की खासियत यहां के होटल है। मैंने हाथ मुंह साफ कर रंजना सिंह को होटल का भोजन कराया। मैंने कहा थक गई होगी, इसलिए आराम करो। मैं नानवेज खाकर आता हूं यहां की मछली सुना है बहुत स्वादिष्ट होती है। नारी का अंदेशा शक में कब बदल जाए पता नहीं चलता। वह पलट कर बोली –मै थकी नहीं हूं, तुम्हारे साथ मैं भी थोड़ा टहल लूंगी। हम लोग साथ गये। वहां की होटल रेस्टोरेंट बार थी, वहां विदेशी पर्यटक अधिक थे। वहां जिंदा मछली पहले ग्राहक को दिखाकर पसन्द करवाई जाती थी फिर बनाकर परोस दी जा रही थी। मैं चुपचाप देख रहा था। मैंने मीनू मंगवाया और आर्डर कर दिया। खाना खाकर वापिस जब आये तो श्रीमती जी कह रही थीं वह यूरोपीय लड़की आपको गौर से देख रही थी।

सुबह जब हम होटल में नाश्ता ले रहे थे तो कुछ ग्वालियर के लोग वहां रुके थे उनसे मप्र के होने के नाते जब परिचय हो रहा था किसी ने मुझसे मेरा जाब पूछा। मैंने कहा ''शिक्षक हूं।'' वह बोला नहीं आप किसी बड़े जाब में है या आपका बैकग्राउंड व्यापार व्यवसाय से होगा। मैंने कहा – नहीं गांव में खेती से जुड़ा हूं। मैंने उनसे यह पूछा कि आप ऐसा क्यों पूछ रहे। तब किसी ने जबाव में कहा– ''यह होटल बहुत महंगा है। यहां मध्यम आय वर्ग के नहीं ठहर सकते।'' मुझे हंसी आ गई। साथ में जिसने पैकेज दिया था उसके प्रति आभार का भाव भी आ गया। बीच पर सुबह वह सब मनोरम दृश्य देखे जिसके लिए विदेशी पर्यटक आकर्षित होकर आते हैं। कोवलम का अर्थ ''नारियल के पेड़ों का झुण्ड'' है, यहाँ पर नारियल के पेड़ों को देखा जा सकता है जो दूर- दूर तक आंखों से ओझल नही होते। समुद्र तट पर स्थित विशाल चट्टानें और शांत पानी बीच के सौन्दर्य को बढ़ा देता है। कोवलम बीच पर पर्यटक धूप सेंकने, तैराकी, हर्बल बॉडी मसाज आदि का आनंद लेते हैं। रेतीले तटों पर स्थित ऊंचे- ऊंचे नारियल के पेड़ पर्यटकों को अपनी ओर आकर्षित करते हैं। कोवलम बीच के पास, लाइट हाउस बीच भी पर्यटकों के लिए आकर्षण का केंद्र है। यहां कई रेस्टोरेंट और फाइव स्टार होटल भी हैं, जिनमें स्वादिष्ट व्यंजनों का स्वाद ले सकते हैं। स्वाद की चर्चा पहले ही मैंने कर दी।

वहां से त्रिवेन्द्रम के भगवान पद्मनाभ मंदिर को जब जा रहे थे तब कपड़े बाजार से एक नीली चेक की हाफ शर्ट ली तो दुकानदार ने पूछा आप मप्र में कहां से आये हैं? मैंने बताया दमोह तो वह बोले मैं भी दमोह का हूं पठानी मुहल्ले में घर था, व्यवसाय के हिसाब से पहले भोपाल गया, वहां जमा नही तो केरल आ गया। यहां शांति और ईमानदारी बहुत है उसने चाय पिलाई। यह अपनापन मातृ भूमि की गोद से जन्म लेता है।

तिरुवनंतपुरम के प्रसिद्ध पद्मनाभ मंदिर में प्रवेश के लिए भारतीय परिवेश जरूरी है अतः मंदिर के प्रवेश द्वार पर ही एक दुकान से धोती खरीद पर धारण की। इस मंदिर के गर्भगृह में भगवान विष्णु की विशाल मूर्ति विराजमान है। इस प्रतिमा का में भगवान विष्णु शेषनाग पर शयन मुद्रा में विराजमान हैं। मान्यता है कि तिरुअनंतपुरम नाम भगवान के ''अनंत'' नामक नाग के नाम पर ही रखा गया है। यहाँ पर भगवान विष्णु की विश्राम अवस्था को ''पद्मनाभ'' कहा जाता हैं। यह मंदिर केरल की संस्कृति एवं साहित्य का अनूठा संगम है। इसके एक तरफ तो खूबसूरत समुद्र तट है और दूसरी ओर पश्चिमी घाट में पहाड़ियों का अद्भुत नैसर्गिक सौंदर्य, इन सभी अमूल्य प्राकृतिक निधियों का भंडार है। मंदिर का स्थापत्य देखते ही बनता है। मंदिर में उस समय सेना के जवान पहरा दे रहे थे। मन्दिर तथा इसकी सम्पत्ति के स्वामी भगवान पद्मनाभस्वामी ही हैं। बहुत दिनों तक यह मंदिर तथा इसकी सम्पत्तियों की देखरेख और सुरक्षा एक न्यास (ट्रस्ट) द्वारा की जाती रही जिसके अध्यक्ष त्रावणकोर के राजपरिवार का कोई सदस्य होता था। किन्तु इसके स्वामित्व व संपत्ति के मामले के कारण ही मंदिर में सेना इसलिए लगा दी गई थी कि मंदिर में रखी अकूत संपत्ति का मामला उस समय सर्वोच्च न्यायालय में विचाराधीन था।

मंदिर दर्शन कर हम अब हम अगले गंतव्य अलेप्पी की ओर जा रहे थे। अल्लेप्पी पर्यटन स्थल एक खूबसूरत शहर है जिसे अलाप्पुझा के नाम से भी जाना जाता हैं। अल्लेप्पी को अपने सुन्दर बैकवाटर, समुद्री बीच और लैगून की वजह से पूर्व का वेनिस भी कहा जाता हैं। शांत बैकवाटर से गुजरने वाले हाउस बोट परिभ्रमण के लिए भी एलेप्पी को जाना जाता हैं। अलेप्पी में होने वाली पारंपरिक नाव दौड़ और यहां के बोट हाउस यहाँ का प्रमुख आकर्षण हैं। बोट हाऊस की यात्रा सारी थकान को दूर करती है। अलेप्पी के बीच पर लोग डूबते और उगते सूरज को जरूर देखते हैं। हमने डूबते सूरज को देखा जो शनैः शनैः समुद्र में उतर जाता है।

अलेप्पी को केरल के सौन्दर्य की राजरानी कह सकते हैं।

दक्षिण भारत में कर्नाटक तमिलनाडु और केरल में नीलगिरी पर्वत फैला हुआ है। जहां ऊटी और मुन्नार दो पर्यटन क्षेत्र है। हमने ऊटी की जगह मुन्नार का पैकेज लिया था। मैंने यहां के

होटल के बदले पैकेज में कोवलम का होटल इसलिए चुना था कि उस समय मैं स्टेरलिंग पर्यटन होटल का सदस्य था इसलिए मुन्नार में स्थित होटल हमें फ्री थी। होटल बहुत सुन्दर और अच्छी जगह बना था। मानव की पसंद पहाड़ झरने हरियाली वन्य जीव है जो यहां था।

हम सुबह झील देखने गये। इसका नाम मट्टुपेट्टी है जो समुद्र तल से 1700 मी. ऊंचाई पर स्थित है। यहां से चाय के बागानों का मनमोहक दृश्य भी नजर आता हैं। यहां पर पर्यटक बोटिंग का भी आनंद ले रहे थे। यहां का जंगल विभिन्न प्रकार के पक्षियों का घर भी है। मुन्नार में विविध प्रकार के फूलों का बगीचा बड़ा आकर्षक था। यहां के चाय बागान देखकर सोच रहा था कितना अच्छा होता कि इन चाय के खेतों के असली मालिक किसान ही होते टाटा विरला अंबानी नहीं। अलबत्ता यह पूंजीपति किसानों से चाय पत्ती खरीद कर उसकी प्रोसेसिंग कर यह उद्योग लगा सकते थे। लेकिन किसान की किस्मत में पैसा नहीं परिश्रम ही लिखा जाता है। केरल से लौटते हुए और जाते हुए देखा कि केरल बहुत साफ सुथरा और व्यवस्थित प्रदेश है। कहीं कोई मजदूर ठिलिया ढुढकाता नहीं मिला ना ही चाय पान के टपरे दिखें। सड़कों पर कहीं अतिक्रमण नहीं दिखा।

हमारी टैक्सी मदुरई रेल्वे स्टेशन छोड़ कर चली गई। हम ट्रेन में बैठकर बैंगलोर आ गये। बैंगलोर से हमारी फ्लाइट बाम्बे बाम्बे से जबलपुर थी। जबलपुर से बस द्वारा हम दमोह आ गये।

किंतु मन मानस के पटल पर मदुरै के मंदिरों का वैभव, रामेश्वरम का समुद्र, उत्ताल भाल विवेकानंद की प्रतिमा, केरल का कोवलम बीच, पद्मनाभ मंदिर में विष्णु भगवान की नागसैया पर लेटी वह मुद्रा, केरल की वोट, मुन्नार पहाड़ का सौंदर्य के चित्र चलचित्र की तरह चल रहें हैं।

सिलिकॉन वैली बेंगलुरु दर्शन

बेंगलुरु को पहले बैंगलौर के नाम से जाना जाता था। अब बेंगलुरु कहलाता है।

बेंगलुरु को सिलिकॉन वैली ऑफ इंडिया कह सकते हैं। बैंगलौर के लोग भी बड़े सीधे और ईमानदार होते हैं। बैंगलौर भारत का वह शहर है जो हमेशा चर्चा में रहता है। यह वही शहर है जहां के राजनैतिक गलियारों से उत्तर मध्य के राज्यों की सरकारें हिला डुला कर बदल दी जाती है।

बैंगलौर भारत के पांच प्रमुख शहरों में से एक है। यह बात फरवरी 2015 की है जब पुत्री दिव्या साफ्टवेयर इंजीनियर एक बहुराष्ट्रीय कंपनी में थी। पिछले साल हम दिव्या का जन्म दिन मनाने गये थे लेकिन दिव्या को उसकी कंपनी ने तेहरान भेज दिया था इसलिए हम और रंजना सिंह दक्षिण भारत भ्रमण कर वापिस आ गए थे। इस बार पुत्र सौरभ भी बैंगलोर देखना चाहते थे इसलिए हम तीनों ने आठ फरवरी 2015 को खुद की कार आई टेन लेकर जबलपुर प्रस्थान किया। जबलपुर के मित्र एडवोकेट रामेश्वर सिंह के घर गाड़ी पार्क कर जबलपुर हवाई अड्डे से मुंबई पहुंचे। मुंबई से बैंगलोर के लिए हमारी फ्लाइट में बिलंब था इसलिए हवाईअड्डे पर रुके और वहां के महंगे रेस्टोरेंट का खाना खाया। मुंबई हवाईअड्डा भी खूबसूरत और व्यस्त हैं। शाम को फ्लाइट में बैठे और बैंगलोर आ गये। रात्रि में फ्लाइट से जब नीचे देखते हैं तो शहर दीपावली में सजाई जाने वाली झालरों की तरह चमकते दिखते हैं। इस बार कोई पैकेज नहीं था। इंडिगो एयरलाइंस का आफर जरूर था जिससे कम पैसों में हमें जबलपुर से बैंगलौर व्हाया मुंबई आना जाना शामिल था। बहरहाल हम बैंगलोर हवाईअड्डे से टैक्सी कर दिव्या के रेंटल हाऊस के पते पर पहुंच गए।

अब हम बैंगलोर में थे। दिव्या के साथ 9 फरवरी की शाम को बैंगलौर महल को देखने गये। पहली दक्षिण यात्रा में हमने मैसूर भवन देख लिया था उस की तुलना में यह बैंगलोर पैलेस कहीं नहीं था। किंतु बैंगलोर पैलेस भारतीय और यूरोपीय शिल्प के संगम से तैयार किया गया है इसलिए इसका महत्व अलग है। यह 45000 वर्ग फीट में बनाया गया है। यद्यपि अब इसका आसपास का क्षेत्र लगभग 454 एकड़ में फैला है।

इस महल के निर्माण को लेकर कई रोचक तथ्य छुपे है। गाइड ने बताया कि आपको आश्चर्य होगा कि इस विशाल पैलेस को बनाने में 82 साल का वक्त लगे। जिसकी आधारशिला 1862 में रखी गई थी, जिसका निर्माण कार्य कई हाथों से होकर गुजरा और 1944 में जाकर खत्म हुआ। तभी से इसका दर्शन आम जनों के लिए उपलब्ध हुआ।

बैंगलोर पैलेस की भव्यता से आकर्षित होकर मैसूर के महाराजा ने इसे खरीद लिया था। मैसूर के महाराजा के बाद यह पैलेस मैसूर के ही शाही परिवारों के देखरेख में रहा। इस विशाल संरचना को सेंट्रल कॉलेज के पहले प्रधानाचार्य रेव .जे गैरेट ने बनवाया था। यहां यह भी कहा जाता है कि 1873 में एक अंग्रेज अफसर द्वारा इस महल को मात्र 40, 000 रूपए देकर खरीदा गया था, जो मैसूर के 23वें महाराजा चामाराजेन्द्र वाडियार का शिक्षा और प्रशासनिक प्रशिक्षण प्रभारी था। खरीदने के बाद इस महल को और भी आकर्षक बनाने के लिए कई निर्माण कार्य भी किए गए थे। महल को आकर्षक बनाने का निर्माण कार्य 1874 में शुरू किया गया और 1878 में काम पूरा किया गया था। बाद में कई ओर छोटे-मोटे निर्माण कार्य चलते रहे। महल का आंतरिक भाग खूबसूरत नक्काशियों से सजाया गया है, जिसमें ज्यादातर लकड़ी का प्रयोग किया गया है। महल की संरचना ट्यूडर और स्कॉटिश गोथिक का मिश्रण है। महल को संजाने के लिए बहुत से भौतिक साजो - सामान ब्रिटेन से आयात किए गए थे। पैलेस के कमरों को भी काफी खूबसूरत तरीके से सजाया गया है, जिसमें आप हिंदू पारंपरिक शैली के अंश भी देख सकते हैं। महल के चारों ओर हरे–भरे बागों का निर्माण करवाया गया है। पूर्ण रूप से महल, भ्रमण मात्र से ही एक लग्जरी अनुभव देता है। इसके अलावा इस महल के अंदर आप 19 वीं और 20वीं शताब्दी की चित्रकला भी देख सकते हैं। वाडियार साम्राज्य से जुड़ी कई तस्वीरों को आप इस महल में देख सकते हैं।

9 फरवरी को सायं जन्म दिन मनाने के लिए केक सहित अन्य सामग्री लेकर वापिस लौटे। 9 फरवरी की रात जैसे ही 12 बजे दिव्या का जन्म दिन उत्सव शुरू हुआ हम दो हमारे दो और दिव्या के साथ रहने वाली सहेली और उसका भाई कुल छै सदस्य ही थे। दिव्या का जन्म याद आ गया। हम हिन्डोरिया हायर सेकंडरी स्कूल में पदस्थ थे। श्रीमती जी का शाम को पेट दर्द करने लगा तथा उल्टियां शुरू हो गई थी। वहां की सरकारी अस्पताल की नर्स कुमुद बाई को बुलाया। वह बड़ी होशियार और बुजुर्ग थी कुछ दवा उन्होंने दी किंतु आराम नहीं लगा तब रात आठ बजे वह बोली मामला गंभीर है ज़िला चिकित्सालय ले जाओ। मैं टू व्हीलर वाला था जिस पर ले जाना संभव नहीं था। इसलिए गप्पीलाल के छोटे ट्रक से ही दमोह आ गये। माता जी साथ थी। डॉ श्रीमती बीना यादव ने इंजेक्शन दिए कुछ आराम लगा लेकिन कमजोर पड़ गई थी। डॉ ने बताया आपरेशन करना पड़ेगा। मैं सहमत था। नर्स ने 9 फरवरी 1992 की रात में 12 :50 पर बताया बच्ची हुई है। नर्स को पैसे दिए जो वह इनाम के नाम से मांगती है। घड़ी में तिथि बदल चुकी थी समय 10 फरवरी 00 :50 ए एम बता रहा था। बैंगलौर में भी घडी वहीं समय बता रही थी। लगभग तीन बजे हम सो

गये। सुबह आठ बजे उठे।

10 फरवरी को एक आई टेन की व्यवस्था हो गई। मैं ड्राइविंग लाइसेंस लेकर गया था। बैंगलोर से कुछ दूर इनोवेटिव फिल्म सिटी देखने गये। इनोवेटिव फिल्म सिटी वंडरला से 2 किमी दूर बेंगलुरु-मैसूर स्टेट हाइवे-17 पर स्थित है। यहां बच्चे और बड़े बराबर संख्या में आते हैं। यहां अपने परिवार के साथ काफी समय बिताया जो अच्छ अनुभव रहा।

फिल्म सिटी के प्रवेश द्वार से सिटी की भव्यता झलकती है। द्वार के काउंटर से सौरभ ने चार टिकट प्रवेश के लिए खरीदें। प्रवेश करने पर कुछ दूर आगे जाने पर दाहिनी ओर एक पुराना सिनेमा हाल जिसमें फिल्म दिखाने की पुरानी मशीन चल रही थी शोले फिल्म की रील चकों में फंसी हुई घूम रही थी। सामने पर्दे पर वीरू जयदेव और गब्बर सिंह के घोड़े दौड रहे थे। पुरानी टाकीज़ यह अतीत की फिल्मी तकनीक प्रदर्शित कर रही थी। सौरभ और दिव्या को मैंने बताया यह हमारे जमाने की फिल्म और फ़िल्म तकनीकी है। हम लोगों आगे बढ़ गये थे। फिल्म सिटी के अन्य आकर्षण म्यूजियम, 3 डी थियेटर, टाइलर डेन, लुइस तसौद वैक्स म्यूजियम हमने देखे। रेस्टोरेंट में वहीं पर सबने दोपहर का खाना खाया। फिर वहां के डायनासोर वर्ल्ड में आप डायनासोर की प्रतिमूर्ति को देख कर रोमांचित हो उठते हैं। डायनोसोर को तकनीकी की मदद से दिखाया जाना वास्तविक डायनासोर जैसा लगता है। भुतहा महल देखना भी हमारे लिए एक यादगार अनुभव साबित हुआ। वहां के मिनीअचर सिटी में विश्व के कुछ अजूबे और प्रमुख स्थानों की प्रतिमूर्ति देखकर विस्मय हुआ। नकल सिर्फ संवादों की नहीं होती स्थान और मानवों की भी होती है।

वहां से वापिस आकर यूवी सिटी माल देखने गये। आधुनिक समय का गगनचुंबी विजनेश माल इतना विराट और बड़ा अभी तक कहीं नहीं देखा था। यूबी माल वास्तव में एक लक्जरी बिजनेस डिस्ट्रिक्ट है। प्रेस्टीज ग्रुप के साथ संयुक्त उद्यम यूबी समूहों ने इसे अग्रणी बनाया है। इसके छै ब्लाक है। यूबी टावर, किंगफिशर प्लाज़ा, कानकार्ड, कैनबरा, धूमकेतु और किंगफिशर टावर है। इन छै ब्लाक का निर्मित क्षेत्र 16 लाख वर्ग फुट से अधिक है। हमने देखा दुनिया की सबसे लग्जरी कारें और बाइक्स यहां रखी हुई है उनकी बड़ी बड़ी कीमतों की चिट भी चिपकी हुई थी। सबसे ऊपर किंगफिशर टावर है जहां से पूरा बैंगलोर दिखता है दीवारें पारदर्शी कांच से बनी है। हम लिफ्ट द्वारा वहां पहुंच चुके थे। परिवार साथ था। मुझे लगता है सबसे ऊपर किंगफिशर का बियर बार हाल है जहां दुनिया की महंगी से महंगी शराब उपलब्ध थी। वेटर ड्रेस में हमारा खड़े होकर सम्मान कर रहे थे। टेबल पर बैठने का निवेदन कर रहे थे। हम ना बैठें ना ज्यादा रुके और

वापिस आ गए।

यहां हमें शाम हो गई थी अब बैंगलोर जीवी रोड जाना था जहां मंहगे और लज़ीज़ खाना के अत्याधुनिक रेस्टोरेंट थे। दिव्या का सब देखा हुआ था हम ब्लैक पर्ल में आ गए। यह शिप की डिजाइन में बना अतिआधुनिक रेस्टारेंट था अजब गजब की साज-सज्जा यहां आकर लगता है जैसे हम यूरोप के किसी बड़े शहर के रेस्तरां में बैठे हैं। चार सदस्यों के खाना वह भी पहले गर्म शूप फिर चखना यदि चाहिए तो वेटर खुद लाते या आपको खुद चुनना है तो सजी हुई स्टीम की गर्म कटोरो से ले सकते थे। वहां लगा कि यह अमीरों की दुनिया के चोंचले है। चार लोगों के शाकाहारी खाने का बिल पांच हजार से अधिक बना था। वेटर को दो सौ की टिप छोड़ आये। अमीरों की रस्म अदायगी भी जरूरी थी। वहां एक सोनेक्स का दूसरा बड़ा माल था लौटते हुए वह भी देख लिया। यहां मल्टी स्टोरी सिनेमा भी था। बैंगलौर के ट्राफिक में कुशल ड्राइव करते हुए घर आकर रात विश्राम किया।

बैंगलौर देखने के बाद लगा यह वास्तव में भारत की सिलिकॉन सिटी है। दूसरे दिन सुबह हम तीनों तैयार हुएं दिव्या ने ओला की टैक्सी बुला दी थी। हम बैंगलोर एयरपोर्ट पहुंचे। घर वापिस दमोह आ गये।

रानी दमयंती का नगर - दमोह

किशोर वय बीत रही थी जवानी दहलीज पर खड़ी थी। ग्यारहवीं वोर्ड प्रथम श्रेणी हटा से उत्तीर्ण हुए तो उच्च शिक्षा के लिए शासकीय ज्ञानचंद श्रीवास्तव स्नातकोत्तर महाविद्यालय दमोह ही एक मात्र विकल्प था। जून 1981 में ही हमने दमोह के फुटेरा वार्ड नंबर 4 के एक कमरा में सामान रख लिया। बीए की प्रथम वर्ष की कक्षा में उपस्थिति देने लगे।

उमर समय की बगिया का वह पौधा है जो कब बोया, कब उगा पता ही नहीं चलता। बगिया के पौधें में बौढी फर आई थी, कलियां छोटी छोटी आंखें खोल रही थी तब से हमें दमोह देखने की दृष्टि मिली। यद्यपि दमोह हमने बचपन में भी देखा जब पिता जी के साथ पुरानी कृषि उपज मंडी में बैलगाड़ी से या बनगांव के निम्मा सेठ के ट्रक से फसल बेचने आते थे। दो दिन लगते थे। चाय सुबह से आढ़तियां से मिलती थी किन्तु खाना होटल में सुबह शाम खाना पड़ता था। रात का रुकना शंकर त्रिलोक की आढत के गद्दों पर ही होता था। सुबह फ्रेश होने कचौरा तालाब चले जाया करते थे। उस समय का दमोह ज्यादा याद नहीं है। आज हम इसी दमोह की चर्चा कर रहे हैं।

दमोह मध्यप्रदेश के मध्य में सागर जबलपुर के बीच में स्थित एक ऐतिहासिक नगर है। दमोह बीना कटनी रेल्वे जंक्शन के बीच में बसा हुआ राष्ट्रीय सड़क मार्ग से जुड़ा बुंदेलखंड का महत्वपूर्ण जिला है। दमोह जिला राजनैतिक रूप से भी अधिक महत्वपूर्ण रहा है यहां के विधायक या सांसद मध्यप्रदेश या भारत सरकार में मंत्री बनकर प्रदेश और देश को सेवाएं देते रहे हैं।

दमोह किसने बसाया और कब बसाया गया ? इसके बारे में अलग अलग अवधारणाएं और परिकल्पनाएं प्रचलित है। दमोह को दयंयती पुरम भी कहा जाता है। कुछ लोग यह मानते हैं कि राजा नल की पत्नि दमयंती रानी दमोह की थी इसलिए उनके नाम पर इसे दमयंती पुरम कहा गया है। दमोह को दमुआ भी कहते हैं। दमुआ नाम कब कैसे प्रचलन में आया यह स्पष्ट नहीं है। किंतु इसका शाब्दिक अर्थ यदि निकाला जाए तो यह होगा कि जहां मुंह से दमदार बातें निकालने वाले हो। दम+ मुहा= दमुआ।

दमोह की ऐतिहासिक पृष्ठभूमि देखें तो यहा का ऐतिहासिक किला जो दमोह के तहसील ग्राउंड से लगा है वहीं दमोह की ऐतिहासिक धरोहर है जो अब एक ऐतिहासिक धरोहरों के संग्रहालय में बदल दिया गया है। इस संग्रहालय में जिले में प्राप्त विविध शिल्प मूर्तियों को सुरक्षित रखा गया है। यह दमयंती संग्रहालय दर्शनीय है।

दमोह का धरमपुरा वार्ड लोग कहते हैं यह सबसे पुराना है। कुछ लोगों का कहना है कि धरमपुरा पहले दमोह के नजदीक स्थित गांव था। कुछ पुराने लोग बताते हैं कि मुख्य दमोह सिटी चार नल के आसपास था। मतलब पुराना थाना के ऊपर महाकाली चौक और बजरिया वार्ड तक। शेष दमोह का विस्तार बाद में हुआ। यह सब सच है या नहीं कह नहीं सकते।

दमोह नगर की पूर्व दिशा में स्थित जटा शंकर मंदिर एक प्रसिद्ध दर्शनीय स्थल है। मंदिर में भगवान शिव की मूर्ति विजराजमान हैं जो कि हिन्दु धर्म में सबसे अधिक श्रद्धा के केन्द्र माने जाते है। जटाशंकर पहाड़ी के ऊपर एक सर्किट हाउस है जहां से दमोह के प्राकृतिक सौन्दर्य की छटा के दर्शन होते है। इन्हीं पहाड़ों की गोद में एक बड़ा जलाशय भी स्थित है जो दमोह का पिकनिक स्पॉट बनता जा रहा है।

दमोह तालाबों का नगर माना जाता था। यहां अनेक तालाब थे जो अब इकाई की संख्या में बचे हैं। दमोह के उत्तर गें फुटेरा तालाब स्थित है जो कई एकड़ में फैला हुआ है। यहां स्थित मंदिर के समक्ष नादिया की विशिष्ट मूर्ति आकर्षण का केन्द्र है। दमोह का सबसे अधिक प्राचीन बड़ी देवी का मंदिर भी तालाब के पास ही स्थित है।

शहर में दूसरा बड़ा तालाब जटाशंकर पहाड़ी के नीचे बेला ताल के नाम से मशहूर है। बेलाताल के सौन्दर्य वर्धन और सफाई के लिए दमोह के सांसद जी 2015 से सक्रिय है। बेलाताल की सफाई अभियान वह खुद तालाब में उतरकर जब तब चलाते रहे हैं, जिसमें उन्हें जनसहयोग भी श्रम साधना के रूप में मिला है। उनके साथ रविवार को कई बार सैकड़ों श्रम साधक सफाई करते देखें गये है। मैंने भी अपना श्रम दान इस सफाई अभियान में किया है। जलाशय साफ और सुरक्षित रखना मानव की सबसे बड़ी जिम्मेदारी है। जल बिन मानव जल बिन मछली की तरह है।

दमोह के बेलाताल को आकर्षक स्थल विकसित करने के प्रयास सरकार की तरफ से किये जा रहे हैं। दमोह बेलाताल के तिराहे पर मध्यप्रदेश पर्यटन मंत्रालय भारत सरकार द्वारा एक पर्यटन सुविधा स्थल त्रिमूर्ति स्थापित किया गया है जिसका शिलान्यास श्री राम नाथ कोविन्द भारत के माननीय राष्ट्रपति के कर कमलों से तथा श्रीमती आनंदी बेन पटेल माननीय राज्यपाल मध्यप्रदेश, श्री शिवराज सिंह चौहान मुख्यमंत्री मध्यप्रदेश, श्री प्रहलाद सिंह पटेल केन्द्रीय राज्यमंत्री (स्वतंत्र प्रभार) संस्कृति एवं पर्यटन मंत्रालय सहित अन्य विशिष्ट अतिथियो उपस्थिति में 7 मार्च 2021 को किया गया था। त्रिमूर्ति स्थल पर स्वतंत्रता संग्राम सेनानी डॉ. राममनोहर लोहिया, अहिंसा के पुजारी राष्ट्रपिता महात्मा गांधी तथा महान विचारक पं.दीनदयाल उपाध्याय की अष्ट धातुओं से बनी भव्य मूर्तियां स्थापित की गई हैं। त्रिमूर्ति की स्थापना से तिराहे का सौन्दर्य

वर्धन हुआ है।

इस तिराहे से थोड़ा आगे जटाशंकर रोड पर 1857 की क्रांतिकारी वीरांगना अमर शहीद रानी अवंतीबाई लोधी की भव्य प्रतिमा मध्य प्रदेश शासन के प्रयास से 2008 में स्थापित की गई थी। मूर्ति स्थल पर अगस्त और मार्च में उनके जन्मदिवस 16 अगस्त तथा शहीद दिवस 20 मार्च पर जिले के हजारों लोग उपस्थित होकर वीरांगना का वंदन करते हैं। वीरांगना अवंती बाई लोधी मंडला जिले के रामगढ़ राज्य की महारानी थी। मंडला जिले को आधिपत्य में लेते समय जिस वाडिंग्टन को वीरांगना ने क्षमा मांगने पर जीवन दान दिया था उसी वाडिंग्टन ने पुन: कूटनीति से युद्ध लड़ा और 20 मार्च 1958 को वह वीरगति को प्राप्त हुई थी। इसलिए पूरे भारत में वीरांगना रानी अवंतीबाई के शौर्य को स्मरण किया जाता है। मध्यप्रदेश में जब अर्जुन सिंह जी एवं मोतीलाल वोरा जी मुख्यमंत्री थे तथा नर्मदा नदी पर बर्गी बांध बनाया जा रहा था तो इस बांध का नामकरण "रानी अवंतीबाई नदी सागर परियोजना" किया गया था। दमोह में वीरांगना की मूर्ति के पास ही डायमंड पार्क स्थित है जहां सुबह शाम शहर के लोग सपरिवार भ्रमण को आते हैं।

अतीत के झरोखों में जब हम झांकते है तो कुछ याद आता है कुछ छूट जाता है, दमोह का घंटाघर आज दमोह का सबसे अधिक व्यस्त क्षेत्र है। दमोह के घंटाघर निर्माण के पहले यहां फौहारा हुआ करता था इसलिए लुप्त हुए उस फौहारे को घंटाघर का पूर्वज कहा जाता है। घंटाघर के पास स्थित बूंदाबहु का मंदिर जहां राम दरबार विराजमान हैं तथा हनुमान गढ़ी के मंदिर दमोह के श्रद्धालुओं के लिए आस्था केन्द्र है।

दमोह दम वालों का शहर भी कहा जाता है दमोह में गांधी जी भी आजादी के पहले आए थे।

दमोह अनेक दानवीरों के कारण आज शिक्षा और स्वास्थ्य सेवाओं में पीछे नहीं हैं। 1985 तक जिले में उच्च शिक्षा के लिए एकमात्र पीजी कालेज था। जिसे ज्ञानचंद श्रीवास्तव जी ने दान दिया था। मैंने भी इसी महाविद्यालय से उच्च शिक्षा ग्रहण की है। दान का महत्व सर्वोपरि होता है। विधि महाविद्यालय भी झुन्नीलाल वर्मा जी की देन है। जिले का जिला चिकित्सालय प्रेमशंकर धगट जी की देन है। मैं नमन करता हूं ऐसे दानवीर सपूतों को जिन्होंने शिक्षा और स्वास्थ्य के क्षेत्र में वह दान किया जिससे कई पीढ़ी अपना भविष्य निर्मित कर चुकी हैं और नव पीढ़ियां करती रहेंगी।

दमोह के साहित्यकार, रचनाकार, चित्रकार, कलाकार, खिलाड़ियों सहित चिकित्सक और अभियंता राष्ट्रीय तथा अंतरराष्ट्रीय पहचान के मुहताज नहीं है, इसलिए मेरी दमोह की धरा धन्य हैं। दमोह की ऐतिहासिक राजनैतिक और सांस्कृतिक विरासत एक समुद्र के समान भरी पड़ी है जिसे शब्द सीमा में बांधना संभव नहीं है।

हट्टेशाह की नगरी- हटा

अप्रैल 1975 में गांव की प्राथमिक शाला की पांचवीं वोर्ड परीक्षा आंजनी परीक्षा केन्द्र से देकर लौटे थे। तभी पता चला घर में मेरे छोटे भाई कुन्दन ने जन्म ले लिया था। परीक्षा भय उनको देती है जो लापरवाह होते हैं, मैं पढ़ाई के प्रति बचपन से ही संजीदा था क्योंकि बचपन में ही देख लिया था कि होशियार बच्चे माशाब सहित कक्षा में और गांव में सम्मान पाते हैं। दादा गुलाब सिंह के पास पटेली रही इसलिए वह पटेल साहब कहलाते थे। किसान की बहियों में जो कर लगता था उस की वसूली में जो पैसे आते थे उनका हिसाब जोड़ घटाना तीसरी से ही करने लगा था। तीसरी कक्षा के बाद उनके साथ सोने लगा था। सोने के पहले हम तीन चार बच्चों को रामचरित मानस के पांच सात चौपाई दोहों को अर्थ सहित पढ़ना पड़ता था। दोहा चौपाई गाना भी पड़ती थी धीरे–धीरे मजा आने लगा।

बचपन का पंछी कब इस डाल से उस डाल पर बैठता है यह पता ही नहीं चलता। अलबत्ता वह चहचहाता ही रहता है। गर्मी की छुट्टियां बिचुवा कुड़ई की अमराई की छांव में खेल रही थी मुझे भारत माता के मंदिर के पास रखी साईकिल दुकान में नई बिना कसी साईकिल दिखी। मैंने पिता जी से खरीदने की जिद की तो फूफा ने मेरा साथ दिया। फूफा को यह बात पता रहती थी कि गांव में भी जब तक उनके साले साहब और मेरे पिताजी श्री मानसिंह की बंडी बनयान के जेब में हजार दो हजार रुपया ना पड़ा हो तो उनका सिर दर्द करने लगता था। इसलिए फूफा ने पिता जी से कहा –पैसे ना हो तो मैं दे दूंगा।

हीरो की बाईस इंची स्कूटर सीट वाली तीन साढ़े तीन सौ की साईकिल खरीद कर ही वापिस गांव लौटे। एक सप्ताह में सीट पर बैठकर चलाना सीख लिया।

जून 1975 का आखिरी सप्ताह चल रहा था दरवाजे पर अब्दुल गनी खां जिसे हम लंबी दाढ़ी वाले पटवारी कहते थे, वह आये थे। दादा जी से खसरा खाते बही की बातें चली भोजन का समय हुआ तो दादा जी के सामने पटवारी जी को थाली परसी। भोजन चल रहा था मैं परोस रहा था तब दादा जी बोले – पटवारी जी इस नाती को हटा लें जाओ और नाम हटा के सबसे अच्छे स्कूल में लिखवा दो, घर के आसपास किराए का कमरा जिसमें बिजली हो वह दिलवा दो।

पटवारी जी ने हां कहा और मेरा डेरा बेलगाडी में भरकर अब्दुल गनी खां के घर के सामने एक ठकुराइन दादी के घर के पीछे बने कमरे में रखवा दिया गया था।

शासकीय बहुउद्देशीय उच्चतर माध्यमिक विद्यालय हटा के मिडिल स्कूल की छठवीं कक्षा के

अ कक्ष में जिस दिन प्रवेश हुआ था उसी दिन कानों में पहनी सोने की बालियां परसू सोनी ने बजरिया में उतार कर पिता जी को दे दी थी। बचपन के गहने उतर गये अब ज्ञान ग्रहण करने के दिन आ गए थे। मुझे ऐसा उस समय नहीं लगा लेकिन आज सोचता हूं कि जब तक हम बाह्य तन श्रृंगार में उलझे रहते हैं तब तक भीतर से खाली और खोखले होते हैं। बाह्य तन श्रृंगार भार कम होने से ही हम भीतर भरने लगते हैं। 11 साल की उमर में जुलाई 1975 से हटा देखना शुरू किया तो आज तक दमोह में रहते हुए भी हटा को अपना मानता हूं। हटा एक ऐतिहासिक नगरी है हटा दमोह के बाद जिले का सबसे बड़ा नगर है।

हटा के संबंध में इतिहासकारों का मानना है कि हटा तहसील गोंडवाना साम्राज्य के उन 52 गढ़ों में शामिल था जो मंडला के गौड़ सम्राट संग्रामशाह ने जीते थे। संग्राम शाह के उत्तराधिकारी दलपति शाह सिंगौरगढ़ में रहने लगे उनकी मृत्यु के बाद सिंगौरगढ़ की महारानी दुर्गावती के समय में भी हटा उनके आधिपत्य में रहा है। आज भी हटा नगर में स्थित किला गोंडवाना साम्राज्य कालीन है। यह महल बहुत बड़ा वैभवशाली बना है जिसका नाम रंग महल था। इस महल में एक सुरंग थी जिसका संबंध महोबा और दमोह जिले सिंगौरगढ़ से रहा है कुछ इतिहासकार मानते हैं कि महारानी दुर्गावती अपने सिंगौरगढ़ किले से सुरंग के द्वारा हटा पहुंच जाती थी। बस स्टैंड के पास बने इस किले की सुरंग मैंने भी उतरकर देखी लेकिन घुप अंधेरा होने से ज्यादा भीतर नहीं गया। यह सुरंग सुरक्षा कारणों से अब बन्द कर दी गई है।

दमोह मुख्यालय से हटा उत्तर की ओर दमोह पन्ना रोड पर दमोह से 37 किलोमीटर की दूरी पर स्थित है। हटा हट्टेशाह की नगरी मानी जाती है।

काल के गाल में सब कुछ समा जाता है लेकिन काल जब गाल से कुछ गुटकता है तो किले के भग्नावशेष जैसी यह गुठलियां बाहर छोड़ देता है। इसलिए इतिहास धूमिल हो सकता है किन्तु मिटता या बदलता नहीं है।

सुनार नदी किनारे पर हटा बसा है, सुनार पर बने नाव घाट, मटया घाट हजारी घाटों पर बहुत लोरे है। तैरना तो गांव में ही सीख लिया था इसलिए रविवार के दिन फुर्सत से सुनार में लोरते थे। नदी पार कर उस पार की तरी के शकला भी खा आते थे। किशोर वय का वह हटा मेरा सुन्दर हटा आज नव श्रृंगार कर खड़ा हुआ है। हटा जाओ तो सुनार में लोरना ज़रूर।

हटा की ऐतिहासिक, साहित्यिक एवं सांस्कृतिक समृद्धि भी हमेशा हरी भरी रही है। वीरगाथाकाल का महाकाव्य आल्हा खंड के रचयिता कवि जगनिक भी हटा के समीप सकौर गांव के कवि थे। महाकवि सूर्यकांत त्रिपाठी निराला जी के समकालीन कवि जिनके साथ कवि सम्मेलन

में अपनी कविता पढ़ने वाले रमा कवि भी हटा के थे। रमा कवि के नाम से हटा नगर का एक वार्ड रमा वार्ड के नाम से जाना जाता है। रमा कवि छैनी हथौड़ा चलाकर मिस्त्री का कार्य कर दिन में अपनी जीविका चलाते थे और रात में लालटेन के उजाले में अपनी कलम उठाकर साहित्य सृजन करते थे। सुनार पार वर्तलाई गांव में जन्मे वर्तमान में हटा निवास बनाकर रहने वाले

60 से अधिक पुस्तकों के लेखक, कवि एवं ललित निबंधकार डॉ श्याम सुन्दर दुबे भी हटा उपकाशी में रहकर साहित्य सृजन साधना में रत है।

हटा शिक्षा के क्षेत्र में तब भी आगे था और आज भी आगे है। नवोदय विद्यालय, केन्द्रीय विद्यालय, उत्कृष्ट विद्यालय, माडल विद्यालय महाविद्यालय शिक्षा के वह केन्द्र है, जहां से हर साल डाक्टर इंजीनियर सहित केन्द्रीय और राज्य सेवाओं के लोकसेवक तैयार हो रहें हैं। हटा की पवित्र भूमि और सुनार के जल को प्रणाम करता हूं। हटा जब भी जाता हूं तो चंडी माता के दर्शन उस समय भी करता था आज भी करता हूं। गौरीशंकर जी के भव्य मंदिर और किनारे पर कल कल बहती सुनार के कारण हटा को उपकाशी कहते हैं। हटा उपकाशी को प्रणाम।

सुनार का संगम- मड़कोलेश्वर

जब हम स्मृतियों का द्वार खटखटाते है तो सबसे पहले बचपन का स्वर्ण द्वार खुलता है। जिसमें प्रवेश होकर हम स्मृतियों के बचपन के रंगमहल में पहुंच जाते हैं। मड़कोलेश्वर धाम मेरे बचपन से ही जुड़ा है।

मड़कोला दमोह छत्तरपुर मार्ग पर नरसिंहगढ़ के पास सीतानगर से दो तीन किलोमीटर की दूरी पर स्थित है। मड़कोले में रहली के पास से निकलने सुनार नदी गढ़ाकोटा के पास से गुजरती हुई नरसिंहगढ़ को किनारे छोड़कर सीतानगर के पास जिस स्थान पर कोपरा से मिलन करती है उसे मड़कोला कहते हैं। इसी संगम के नीचे एक फर्लांग जाने के बाद इसमें जुड़ी नदी भी मिल जाती है, इसलिए यहां त्रिवेणी संगम जैसा महात्म्य बन जाता है। थोड़ा और नीचे बहते हुए जाने पर कुटरी करियापीपर का घाट आ जाता है जहां बारह माह नांव से पार होना पड़ता है। संगम से लेकर हारट के भदभदा जलप्रपात तक नदी की गहराई अधिक है। यह नदी हटा उपकाशी को किनारे छोड़ती हुई गैसाबाद के आगे व्यारमा नदी से मिल जाती है।

मेरा गांव रुसन्दों करियापीपर से दो तीन फर्लांग की दूरी पर स्थित है। इसलिए बचपन से लेकर किशोर अवस्था तक मकर संक्रांति पर भरने वाला मड़कोले का मेला मैंने पैदल नांव से करियापीपर कुटरी घाट पार कर हर साल देखा है।

मड़कोले में शंकर जी का जो मंदिर है। उसके बारे में किंवदंती है कि यह मंदिर एक रात में शिव जी के गणों ने तैयार किया था। सुबह होते ही जैसे सीतानगर के एक घर से चक्की पीसती हुई महिला के गाने की आवाज आई तो उनके भूत पिशाच गण बिना कलश रखें ही अदृश्य हो गए। इसलिए इस मंदिर के कलश की स्थापना बाद में की गई।

इस मंदिर के प्रथम पुजारी का तो पता नहीं लेकिन बचपन से शिवोहम महराज को देखा है। शिवोहम महराज हमारे गांव हाथी लेकर अपने शिष्यों के साथ अक्सर आते थे। वह योगी संत की वेशभूषा में रहते थे सिर पर लंबी जटाएं थी और दाढ़ी के बाल लटकते रहते थे। उनके साथ एक किशोर शिष्य रहता था जो काष्ठ का दंड हाथ में लिए रहते थे। बाद में यही मौनी महराज बनकर योग उपासना करने लगे थे। इनके गुरु शिवोहम महराज के बारे में कहा जाता था कि वह जल समाधि के योग में सिद्ध हो चुके थे। संगम में पाल्थी मारे बैठे हुए कई लोग देख चुके थे। संगम के बारे में यह भी किंवदंती थी कि संगम के बीच में एक मंदिर है जो जल में लुप्त है इस मंदिर की पूजा साल में एक बार होती थी जिसे शिवोहम महराज जल समाधि लेकर करते थे। बचपन में मैंने

शिवोहम महाराज के खूब चरण स्पर्श किए और उनके हाथ से दिया नारियल चिरौंजी का प्रसाद खाया। वह मुझ पर स्नेह रखते थे। उनकी सेविका हमारे ही गांव के दूसरे मुहल्ले की थी। उनके पांव पड़ने भी हम जाया करते थे तो यह चाय पिलाकर पिता जी की तौलिया में खूब प्रसाद बांध देती थी।

मड़कोले में क्षेत्र के लोगों की आस्था और श्रद्धा बढ़ती जा रहीं हैं, लोग वहां से अपने बच्चों के विवाह भी करने लगे हैं। इसलिए यह मड़कोलेश्वर धाम के नाम से जाना जाने लगा है।

शिवोहम महाराज ने मड़कोलेश्वर को छोड़कर कंजरा गांव के पास हटा दमोह रोड पर आश्रम बना लिया था। जहां से वह वहीं पंचतत्व में विलीन हो गये है।

शिवोहम महराज ने अपने शिष्य का साधना स्थल समीप ही बनवा दिया था जो उस मंदिर में भूमिगत रहकर साधना करते थे। मौनी महाराज कुछ समय के लिए बाहर निकल कर भक्तों से संवाद स्लेट पेंसिल के प्रश्न उत्तर से किया करते थे। मैंने भी एक दो बार उनके दर्शन किए हैं। वह मैट्रिक पास थे। सुना है पिछले कुछ माह पूर्व वह भी स्थूल जगत को छोड़ चुके हैं।

मड़कोले का मेला देखने आज भी मन ललकता है। आज भी बडे भाई डालसिंह के साथ सिलवाई टेरालीन की कमीज और पजामा याद है जिसे पहन कर मड़कोला मेला गये थे।

बचपन की वह सरलता सहजता भोलापन ना जाने किस कोपरा में बहकर काली बालू बनकर घर की दीवारों और छतों में चिपक गया है। मेले का प्रसिद्ध सीतानगर का कलाकंद, मिठाई की दुकान पर लटके ललचाते गढ़ियाघुल्ला, हंसती ठिलठिलाती किशोरियां, काठ की पालकी के झूलते झूले, झूलों में झूलती किशोरियों का मुस्कुराना, कनखियों से ताकना, काजल लगी आंखों से भर नज़र देखने वाले मेले भी जैसे शहर के माल बाजार में खो गए हैं। यादों के मेले से पौड़ा खरीद कर शैशव काल के कांधे अब स्कूली बस्तों के बोझ से थक रहें हैं। हो सके तो बचा लो इनका बचपन।

जागेश्वर धाम - बांदकपुर

धर्म संस्कृति और पर्यटन लोक मानस की त्रिवेणी है। इस त्रिवेणी में स्नान किए बिना मानव खुद को अतृप्त सा महसूस करता है। दमोह का प्रसिद्ध तीर्थ जागेश्वर धाम बांदकपुर जिला मुख्यालय दमोह की पूर्व दिशा में मात्र 16 किलोमीटर की दूरी पर स्थित है। यहां का यह भव्य मंदिर कब कैसे बना इसमें अनेक लोकोक्तियां प्रचलित है।

उनमें सबसे अधिक यह प्रसिद्ध है कि इसे मराठा दीवान चांदुरकर ने बनवाया था .इसकी कहानी बहुत रोचक है कहते हैं कि दीवान चांदुरकर शिकार पर निकले थे वहां एक स्थान पर उनका घोडा बारंबार उछल रहा था . रात में जब चांदुरकर सो रहे थे तो उनको स्वप्न में भगवान शिव की प्रतिमा होने की जानकारी मिली। दीवान ने वहां खुदाई करवायी तो स्वयंभू शिवलिंग दिखा। दीवान चादुंरकर इसे दमोह में अपने निवास स्थान के समीप लाना चाहते थे। इसके लिए दमोह में सिविल वार्ड में एक मंदिर बनवाया गया। शिवलिंग असल में एक बडी चट्टान से जुड़े थे इसलिए खुदाई के बाद भी वहीं से अलग नहीं हुए। तब वहीं जागेश्वर मंदिर बनाया गया। जबकि दमोह में बने मंदिर में मराठों के कुलदेवता श्री राम की मूर्ति बिठाकर राममंदिर बना दिया गया। वहां आज भी मराठी पद्धति से ही श्री राम की पूजा होती है।

बांदकपुर धाम रेलमार्ग से जुड़ा है बीना दमोह कटनी रेलमार्ग से निकलने वाली सभी ट्रेनों के यहां स्टापेज बनाय गये है। सड़क मार्गों की अच्छी व्यवस्था है। कटनी से दमोह का राजमार्ग यहां से गुजरता है। दमोह से बांदकपुर जाने के लिए आनूं फाटक और बांदकपुर रेल फाटकों से थोड़ा विलंब होता था, इसलिए अब एक चौड़ी सड़क आनूं फाटक के पहले से ही बांदकपुर के लिए बना दी गई है। इसलिए बांदकपुर दमोह से अब 15 मिनट में ही पहुंच जाते हैं।

बांदकपुर जागेशवर धाम को इलाके में ज्योतिर्लिंग की तरह प्रतिष्ठा प्राप्त है इसलिए यहां सावन मास में सैकड़ों लोग पैदल यात्रा कर दर्शन करने आते हैं तथा कांवड़ियों के जत्थे भी दूर दूर से आकर धर्म लाभ लेते हैं। जागेश्वर धाम का मुख्य मेला बसन्त पंचमी को भरता है जिसमें दूर दूर से लोग यहां हर साल आते हैं।

मेला भारतीय संस्कृति की पहचान है। मैं बैलगाड़ी से बचपन से इस मेले में आता जाता रहा हूं। मेरी छोटी बुआ की ससुराल हलगझ मुंडारी में थी इसलिए बिना मेला के ही मेरा भोले के दरबार में आना जाना होता रहा है। मंदिर के भीतर बड़ी बड़ी धर्मशालाओं में यात्रियों को ठहराने की व्यवस्था है। मंदिर के भीतर ही एक संस्कृत विद्यालय संचालित है, जहां छात्र वेद और पुराणों

का अध्ययन करते हैं।

मंदिर के भीतर बनी वाबडी में हमेशा जल रहता है जहां पहले लोग स्नान कर दर्शन करते थे। अब स्नान करना बंद हो गया किन्तु अभिषेक करने जल का लोटा यहां से ही भरते हैं। यहां की मान्यता है कि यहां की गई मनोकामना पूरी होती है। लोक मान्यताओं के इस पवित्र धाम को अब और अधिक नव रूप देकर सजाया और संवारा जा रहा है। यहां हजारों शादियों एक वर्ष में होती है। बांदकपुर ट्रस्ट कम पैसों की रसीद काटकर यह दायित्व निभाते हैं।

दर्शन और दृष्टि के मेल से ही शायद मानव यायावर बना घूमता रहता है। धर्म आचरण सुधार का यज्ञ है तो कर्म श्रम साधना की देवी है यायावरी जिज्ञासा की तृप्ति है। इसलिए धर्म कर्म और यायावरी के मेल से संस्कृति बनतीं और परिमार्जित होता रहती है। जय जागेश्वर धाम बाबा की।

नोहलेश्वर मंदिर नोहटा

दमोह जबलपुर राष्ट्रीय राजमार्ग पर दमोह से लगभग 22 किलोमीटर की दूरी पर कल्चुरी काल का मंदिर रोड किनारे ही स्थित है। इसी मंदिर से लगा हुआ शासकीय उच्चतर माध्यमिक विद्यालय नोहटा का प्रांगण है।

नोहलेश्वर का यह शिव मंदिर नोहटा गांव से 01 कि.मी. की दूरी पर स्थित है। शिव को यहाँ महादेव एवं नोहलेश्वर के नाम से जाना जाता है। नोहलेश्वर मंदिर भारत के पुरातत्व विभाग की अनमोल धरोहर है। इसके निर्माण का सही समय तो पता नहीं लेकिन ऐसा माना जाता है कि इसका निर्माण 950–1000 ईस्वी के आस पास हुआ था। कुछ इतिहास विज्ञों के अनुसार इस मंदिर के निर्माण का काम चालुक्य वंश के कलचुरी राजा अवनी वर्मा की रानी ने कराया था। 10 वीं शताब्दी के कलचुरी साम्राज्य की स्थापत्य कला का एक बेजोड़ एंव महत्वपूर्ण नमूना है। नोहलेश्वर का यह मंदिर एक ऊंचें चबूतरे पर बना है। इसमें पंचरथ, गर्भगृह, अन्तराल, मण्डप एवं मुख मण्डप आदि भाग है। यह मंदिर अति प्राचीन काल का माना जाता है। नोहलेश्वर मंदिर को जो देखता है वह इसके शिल्प को देखते ही रह जाता है। वर्षाकाल में इसका सौन्दर्य और अधिक निखर जाता है जब चारों तरफ हरियाली छा जाती है।

नोहटा मंदिर परिसर में 1990 से 2013–14 तक अप्रेल माह में जिले का सबसे बड़ा सांस्कृतिक दो दिवसीय आयोजन भी होने लगा था जिसमें जिले के चयनित कलाकारों को एक दिन अपनी कला का प्रदर्शन करने का अवसर मिलता था तथा दूसरे दिन देश के बड़े बड़े कलाकारों के कौशल प्रदर्शन को देखने का अवसर भी जिले का कलाकार और दर्शकों को मिलता था।

साहित्य, संगीत, संस्कृति और शिल्प कलाएं हमारी पीढ़ियों को समृद्ध और संपन्न करती रहती है। इसलिए सांस्कृतिक विरासतों का संरक्षण और भ्रमण जरूरी है।

नोहटा का नामकरण भी नोहलेश्वर के कारण हुआ होगा। ऐसा हम कल्पित कर सकते हैं। नोहटा का ऐतिहासिक और सांस्कृतिक महत्व होने के कारण ही नोहटा जबेरा तेंदूखेड़ा से छोटा होने के बाद भी नोहटा विधानसभा के रूप में 2008 के पहले तक जाना जाता था। 2008 से फिर नया परिसीमन हुआ तो यह विधानसभा अब जबेरा विधानसभा के नाम से जानी जा रही है।

हमारी सांस्कृतिक धरोहरें भारत के विपुल वैभव की प्रमाणिकता सिद्ध करती है, नव पीढ़ी के आत्मसम्मान के लिए इन धरोहरों का दर्शन किसी पौष्टिक दवा की तरह है। नोहटा जाकर नोहलेश्वर शिव भगवान के दर्शन कर धर्म के साथ पर्यटन का आनंद ले।

हिंडोलपति नरेश की नगरी - हिंडोरिया

इतिहास कभी भविष्य नहीं बनाता , किंतु इतिहास यह सिखाता है कि इतिहास को पढ़ो और जानो तथा इतिहास की भूलों से सीखकर अपना भविष्य खुद गढ़ों । दमोह की ऐतिहासिक नगरी हिंडोरिया का जिक्र जब भी होता है तो हिंडोरिया के रणबांकुरे हिंडोलपति आल्हा खंड में आल्हा की ओर युद्ध कर पृथ्वीराज चौहान की सेना के दांत खट्टे करने वाले राजा ईसुरी सिंह और अंग्रेजों के साथ लोहे लेना वाले राजा किशोर सिंह ठाकुर की याद जरूर आती है ।

बात पहले हिन्डोरिया की करते हैं । हिन्डोरिया जिला मुख्यालय दमोह - पटेरा मार्ग में दमोह से 16 किलोमीटर की दूरी पर स्थित है । हिन्डोरिया भौदला पहाड़ की गोद में बसा हुआ नगर है । 1980 तक हिन्डोरिया प्रदेश का सबसे बड़ा ग्राम हुआ करता था । बाद में इसे नगर परिषद घोषित कर दिया गया है । हिन्डोरिया नगरपरिषद में 15 वार्ड है जिनमें एक किला वार्ड है । यह किला वार्ड ही हिन्डोरिया का इतिहास उगलता दिखाई देता है । जहां हिन्डोरिया झंडा चौक से राजगढ़ी तक व्यस्त और नगरीय स्वरूप में बदल गया है वहीं किला वार्ड आज भी दुर्गम है । किला वार्ड पैदल पहुंचने के लिए भौदला की कटान से जाना पड़ता है । जिसकी दूरी रोड से ढाई तीन किलोमीटर है किन्तु वाहन से जाने के लिए बांदकपुर रोड पर चलकर भौदला का चक्कर लगाते हुए नोन पानी गांव से होकर जाना पड़ता जो 8–10 किलोमीटर दूर हो जाता है । इस वार्ड में अधिकतर वनवासी समाज के लोग ही निवासरत है । मुझे लगता है किला वार्ड ही हिन्डोरिया का नाभि केन्द्र है जिसका इतिहास अनुसंधान अभी शेष है । नोन पानी हिंडोरिया के समीप का वनांचल में बसा हुआ गांव है जहां का विशाल जलाशय दमोह के युवाओं का पिकनिक और पर्यटन स्थल बनता जा रहा है ।

हिन्डोरिया में भौदला पहाड़ पर एक मंदिर स्थित है जिसमें नेमा समाज के कुलदेव विराजमान हैं । इसलिए साल में एक बार प्रदेश और देश के नेमा समाज के लोग यहां दर्शन को आते हैं और झंडा चढ़ाते हैं । इसी पहाड़ की तलहटी में हिंडोरिया के पुराने किले के कुछ भग्नावशेष सुरक्षित है जिनके बारे में कहा जाता है कि यहां 10 से 12 वी सदी के बीच हिन्डोल नरेश ईश्वर सिंह जू देव का किला था । ईश्वर सिंह जू देव का कोई प्रमाणिक इतिहास नहीं मिलता किंतु जनश्रुतियों के अनुसार तथा संत केसवदास की पुस्तक 'लोधी क्षत्रिय पुराण' में वर्णित कथा अनुसार यह अवधारणा बनती है कि ईश्वर सिंह जू देव बड़े वीर और पराक्रमी योद्धा थे । उनका संवंध और दोस्ती महोबा के राजा परमाल से थी । ऐसी भी जनश्रुति है कि एक बार राजा परमाल ने उरई के राजा माहिल की बहिन मल्हना को जीत कर अपनी रानी बना लिया इससे उनका साला बन चुका

माहिल परमाल से जलता रहता था । कालांतर से परमाल के पुत्र ब्रह्मा ने दिल्ली के राजा पृथ्वीराज चौहान से युद्ध में जीतकर पृथ्वीराज की बेटी बेला से विवाह कर लिया । इससे माहिल परमाल से जलता था और बदला लेने की फिराक में रहता था । ऐसा कहा जाता है कि एक बार बेतवा नदी पर युद्ध छिड़ गया उसमें ईश्वर सिंह जू देव लड़े जिसमें सिरसा का राजा लाखन मारा गया कुछ समय बाद सवा लाख सेना लेकर पृथ्वीराज चौहान ने महोबा को घेर लिया तब परमाल ने मदद के लिए हिन्डोलपति नरेश ईश्वर सिंह जू देव को चिट्ठी लिखकर सन्देश भेज दिया । तब कहा जाता है कि हिनडोलपति परमाल की मदद करने अपने पुत्र के साथ 50 हजार पैदल 6 हजार घुड़सवार लेकर परमाल की मदद की युद्ध में ईश्वर सिंह जू देव का पुत्र मारा गया फिर भी ईश्वर सिंह युद्ध करते रहे और पृथ्वीराज की सेना को परास्त कर दिया ।

राजा परमाल जब ईश्वर सिंह के पुत्र मारे जाने से खेद प्रकट करने लगे तो परमाल से ईश्वर सिंह ने संवाद करते हुए कहा था कि – " राजन वीरों का जीवन तो मातृभूमि की सेवा के लिए ही होता है । " इसके बाद परमाल राजा ने ईश्वर सिंह जू देव के प्रति कृतज्ञता प्रकट करते हुए अनगिनत स्वर्ण मुद्राएं भेंट में देकर विदा किया ।

इस इतिहास को लेखक प्रमाणित नहीं करता किंतु जनश्रुतियों को नकार भी नहीं सकता । इसी प्रकार जब हम 1857 की क्रांति के इतिहास को खंगालते है तो उस समय के सागर के कमिश्नर हीरालाल जी के गजेटियर 'दमोह दीपक' में जिन क्रांतिकारियों पर अंग्रेजी हुकूमत ने ईनाम घोषित किये थे उनमें हिन्डोरिया के अमर सेनानी ठाकुर किशोर सिंह का नाम प्रमुखता से उल्लेखित किया गया है । तेजगढ़ तेंदूखेड़ा से लगे जंगलों में जब हीरापुर के राजा हिरदेशाह लोधी के नेतृत्व में विद्रोह की आग फैल रही थी तभी ठा .किशोर सिंह ने दमोह के आस पास के किसानों जागीरदारों की मदद से दमोह में अंग्रेजों का खजाना लूट लिया था तब अंग्रेज कैप्टन पिंकी ने ठा . किशोर सिंह को जिंदा या मुर्दा पकड़ने के लिए 1000/ रुपए का ईनाम घोषित किया था । इनके सहयोगी साथियों में बालाकोट के राव स्वरूप सिंह पर 500/ मानसिंह पर 250/ एवं सोने सिंह पर 125/ ईनाम घोषित किया गया था ।

कैप्टन पिंकी के नेतृत्व में अंग्रेज सिपाहियो ने हिन्डोरिया के किले पर हमला कर किले को तहस नहस कर दिया । इस हमले में राजा किशोर सिंह अपने कुछ साथियों के साथ सुरक्षित निकलने में सफल हुए किंतु अंत में उनकी मृत्यु कहां हुई इसका उल्लेख नहीं मिलता है ।

हिंडोरिया का इतिहास उकेरना इस लेख का मक़सद नहीं है किन्तु हिंडोरिया की विरासत शौर्य और पराक्रम से भरी हुई है । मुझे यहां के शासकीय उच्चतर माध्यमिक विद्यालय में लगभग

दस साल तक व्याख्याता और प्राचार्य के रूप में शैक्षणिक सेवाएं देने का अवसर मिला है। इसलिए हिंडोरिया की नव पीढ़ी को अपनी विरासत संभाल कर जन सेवा मातृभूमि सेवा के लिए तत्पर रहना चाहिए। मुझे गर्व है कि मेरे हिन्डोरिया के बहुत से विद्यार्थी भारतीय सेना में विभिन्न पदों पर पदस्थ होकर भारत मां की सेवा कर रहे हैं।

किसी शायर का यह शेर यहां उल्लेखनीय है–

" रखती हैं अपने जहन में सदियों तलक हिसाब,

क़ौम की क़ुर्बानियां खाली नहीं जाती। "

वीरांगना दुर्गावती का गढ- सिंगौरगढ़

इतिहास लिखा हुआ पढ़ने के बजाय देखा हुआ जल्दी याद हो जाता है। सिंगौरगढ़ का किला दमोह के नजदीक होने से बार बार देखा है और जितने बार देखा है उतने बार ही वीरांगना दुर्गावती के साहस शौर्य और पराक्रम देखकर मेरा शीश उनके लिए झुक जाता है।

सिंगौरगढ़ का किला दमोह जबलपुर राष्ट्रीय राजमार्ग पर दमोह से लगभग 52 किलोमीटर तथा जबलपुर से 48 किलोमीटर की दूरी पर स्थित है। सिंग्रामपुर के मूल निवासी पं. प्रमोद शुक्ला से चर्चा की तो उनका कहना है यह किला मौर्य कालीन धरोहर है क्योंकि इस किले से कटाव घाट के थोड़ा आगे जाने पर रूप कुंड का स्थल भी है जहां बौद्ध कालीन शिलालेख आज भी सुरक्षित है। रूपकुंड के यह शिलालेख मैंने भी देखें है। इसलिए यह माना जा सकता है कि सिंगौरगढ़ मौर्य काल गुप्त काल कल्चुरी काल से लेकर मुगल काल तक के अनेक शासकों ने इसका उपभोग विस्तार और संवर्धन किया है। किया है। आज यह किला भारतीय पुरातत्व विभाग की महत्वपूर्ण धरोहर है। जब बात सिंगौरगढ़ की हो तो गौड़ शासक और गौड़ शासकों की वीरांगना रानी दुर्गावती की कहानी को नजरंदाज नहीं किया जा सकता है।

इस किले के बारे में कुछ और भी मत है कि तीन ओर से भांडेर की पहाड़ियों से घिरा होने से यह गढ़ पुरातनकाल से ही सामरिक महत्व का रहा है। अनेक राजवंशों ने इस किले को अपने अधीन रखा लेकिन ज्ञात इतिहासकारों के मतानुसार सबसे अधिक समय तक यह गौंड़वाना गौड़ राजाओं के आधिपत्य में रहा, जिसके अधीन बावन किले थे एवं सबसे प्रतापी राजा संग्रामशाह था। यह स्थल सिंग(सिंह) और गढ़ के कारण ही सिंगौरगढ़ कहलाता था, वास्तव में यह स्थल राजवंशों की शिकार स्थली एवं आराम गाह था। सिंगौरगढ़ के निकट ही बावन बजरिया नामक स्थान है जहां बावन दुर्गों के दुर्ग पतियों के रूकने, निवास की व्यवस्था थी जिसके अवशेष आज भी विद्यमान हैं।

कालांतर में संग्राम शाह के पुत्र दलपतशाह ने इसी किले में कालिंजर के चन्देल राजा कीर्तिसिंह की पुत्री दुर्गावति को कालिंजर से ला कर पाणिग्रहण किया था। दुर्गावती का जन्म नवरात्रि में अष्टमी के दिन होने के कारण राजा ने पुत्री का नाम दुर्गावति रखा। जो आगे चलकर अपने पराक्रम, अदम्य साहस, बुद्धिमत्ता, स्वाभिमान, राष्ट्रप्रेम एवं जन–जन की भावनाओं को समझने आदि गुणों के कारण अमर वीरांगना रानी दुर्गावती के नाम से विख्यात हुईं। राजा दलपतशाह की मृत्यु के पश्चात पुत्र वीरनारायण जो उस समय गोद में थे इसलिए रानी दुर्गावती

ने राजकाज का संचालन अपने हाथों में ले लिया। रानी का अत्यन्त विरोध होने के बाद भी विरोधियों का शमन, दमन कर वह राज्य का संचालन कर रही थी किन्तु पुरुष प्रधान समाज को नारी जाति का नेतृत्व करना स्वीकार नहीं था इसलिए कतिपय देशद्रोहियों ने मुगल शासक अकबर को गौंड़वाने पर चढ़ाई करने को उकसाया था। इसलिए मुगल सम्राट अकबर ने अपने सेनापति ख्वाजा अब्दुलमजी आसफ खाँ को गौंडवाने में आक्रमण करने के लिये भेजा रानी दुर्गावती का यह संग्राम सिंगौरगढ़ से चार मील दूर संग्रामपुर में होता रहा। इस युद्ध में पहले आसफ खाँ हार गया किन्तु आसफ खाँ की सहायता के लिए मुगल सेना के आ जाने के कारण रानी दुर्गावती पराजित हुई और वीरगति को प्राप्त हुई। रानी दुर्गावती की मृत्यु के पश्चात यह दुर्ग मुगलो के आधीन हो गया। यह घटना स्थानीय निवासियों द्वारा सन 1598 के आस पास की बताई जाती है। महावत रामप्रसाद और प्रिय हाथी सरवन की समाधि स्थानीय लोग यहां स्थित हरई नाला में बताते हैं।

मैं जब सिंगौरगढ़ पहुंचा तो वहां का हरा भरा जंगल सैकड़ों वर्ष पुराने पेड़ देखकर लगा कि वन के यह पेड़ सिर्फ आक्सीजन नहीं देते बल्कि यह तो मानव सभ्यता और संस्कृति के झूले है। जिनमें झूलकर आज भी अतीत जैसे लोरी गाता गुदगुदाने सा लगता है। कुछ लोग मानते हैं दुर्गावती का झूला इन्हीं पुराने पेड़ की डालो से बांधा जाता था। किले के पास ही एक बड़ा तालाब स्थित है जिसके बारे में कहा जाता है कि राजा रानियां इसी तालाब में जल क्रीड़ा करते थे। कुछ लोग यह भी कह रहे थे कि जब संग्रामपुर में वीरांगना दुर्गावती और मुगलों के बीच युद्ध चल रहा था मुगल सेना भारी पड़ती देखकर खजांचियों ने खजाने को इसी जलाशय में फेंक दिया था ताकि मुगलों के हाथ खजाना ना लगे। बातें तो बातें हैं जिनसे बात बनती भी है, बिगड़ती भी है। खैर अतीत जलसमाधि ले चुका है। उसे हिलोरने कुरेदने की बजाय नजारा देखने में लुफ्त उठाकर यादों का खज़ाना भरना ही बुद्धिमानी है। स्वर्ण सिक्कों की खनक कब गिल्ट के सिक्को में बदल जाएं यह काल ही जानता है।

कुछ भी कहो मैं सिंगौरगढ़ दुर्ग का परिकोटा, दुर्ग का प्रवेश द्वार, हाथी द्वार देखकर आत्म मुगध हो गया। आपको जब भी अवसर मिले सिंगौरगढ़ जरूर जाएं।

प्रकृति का चहेता - सिंग्रामपुर

दमोह जिले में जब भी गिरि दर्शन की बात चलती है तो गाड़ियां सिंग्रामपुर की ओर चल देती है। जब हम जबलपुर जाते हैं तो जबेरा के पहले ही हरिभरी घाटियां और पहाड़ियां देखकर गिरि दर्शन होना शुरू हो जाते हैं जो सिंग्रामपुर गुबरा के आगे तक गिरि दर्शन होते रहते हैं। किंतु आज हम कुछ और अधिक नजदीक से दिखाना चाहते हैं इसलिए मेरी यह इस पुस्तक की अन्तिम शब्द यात्रा है इसमें शामिल होकर सिंग्रामपुर चलते हैं। सिंग्रामपुर पहुंचने के पहले ही मित्र भागचंद यादव का "बाबा का ढाबा" है जहां थोड़ा रुककर चाय नाश्ता किया। बाबा का ढाबा है लेकिन बाबा नहीं है अब। यह दोस्ती की कहानी ही होती है ऐसी जो टूटे से ना टूटती। बात यह है बाबा और भागचंद की जोड़ी शोले फिल्म के जयदेव और वीरू जैसी थी। बाबा किसी दुर्घटना में दुनिया छोड़कर चले तो अब वह ढाबा के रूप में जिन्दा है। यह दोस्ती का कर्ज भी है और फ़र्ज़ भी। हम लोगों को यहां खाना लौटकर खाना था। इसलिए चलिए तो चलते हैं पहले..

1. कटाव घाट – कटाव घाट सिंग्रामपुर से गुबरा के बाईं तरफ मुड़कर कटनी रोड पर गुबरा से 6–7 किलोमीटर चलकर मिल जाता है। कटाव घाट को एक स्थानीय नदी ने पर्वत को काट-काट कर बनाया है। नदी का कोमल सुकुमार जल जब निरंतर उद्यम करता है तो कैसे एक कठोर चट्टान को काट कर रास्ता बना देता है। ठीक विहार के दशरथ मांझी की तरह मानव मन जो ठान लें तो फिर राह की हर चट्टान को कटना हटना ही पढ़ता है। हमारे जीवन की बाधाएं हैं वह भी निराश होने पर पहाड़ बन जाती है और दृढ़ संकल्पित होकर आगे बढ़ने से जीवन इस कटाव घाट की तरह दर्शनीय और मोहक बन जाता है। यह कटाव दमोह जिले की सीमा है इस तरफ दमोह उस तरफ कटनी जिला शुरू हो जाता है। कटाव देखने से मन तृप्त हुआ तो गाड़ी लौटकर अगले स्थल की ओर रवाना हुई ......

2 . भजिया डेम – हमारी कार अब सिंगपुर होती हुई भजिया के उस वनांचल गांव पहुंच चुकी थी जिसके आगे रोड खत्म हो जाती है या यूं कहें वनराज हमें आगे आने से रोक देता है। भजिया डेम में सामने खड़े पर्वतों का पानी संचय करता है। वहां पहुंच कर 1982–83 में लगाया गया राष्ट्रीय सेवा योजना पीजी कॉलेज का वह शिविर स्मृति पटल पर उतर आया जिसमें 30–40 छात्र प्रोफेसर अनंतराम शर्मा जी के नेतृत्व में सात दिन रुके थे। हमारे शिविर की समय सारिणी तैयार थी एक कच्ची मिट्टी से रोड़ भी हमने उस शिविर में तैयार की थी। अर्थशास्त्र के प्रोफेसर यशवंतराव गुर्जर जी भी हमारे साथ थे। गुर्जर सर एक अच्छे रसोइया की भूमिका भी उस समय

निभा रहे थे। वह दिन भी याद है जब हम लोग शाम को उस पहाड़ पर चढ़ रहें थे जहां शेर की गुफा थी हम लोग थोड़ा ही चढ़े थे कि शेर की दहाड़ सुनाई देने लगी थी। लेकिन जब तक शेर हमें दिखाई नहीं दिये। हमारा चढ़ना जारी रहा। किशोर वय का वह उत्साह और निडरता संघर्ष करना सिखाती है।

दो तीन शेर ऊपर टहलते हुए दिखे। साथ चढ़ रहे ग्रामीण युवा ने बताया उसी पहाड़ी पर जहां वह टहल रहे हैं वहीं गुफा है। इसके आगे नहीं जाना है। उसने बताया कई बार यह भजिया डेम का पानी पीने भी नीचे उतरते हैं। मैं यह सुनकर रोमांचित हो उठा कि हमारा आवास डेम कै पास बने स्कूल पंचायत भवन में रुके थे मैंने सोचा जब वह पानी पीने आयेंगे तब और पास से पानी पीते हुए देखूंगा। यद्यपि ऐसा हुआ नहीं। शिविर के अंतिम दो दिवस हम शिविरार्थियों को पांच पांच घरों में जाकर आर्थिक सामाजिक सर्वे करना था जिसकी प्रश्नावली गुर्जर सर ने तैयार करा दी थी। परिवार सर्वे में ग्रामीण जनों से संपर्क कर बात करने का मौका मिला। शिविर के समापन कार्यक्रम में तत्कालीन कलेक्टर दुबे जी आए थे, साथ में उनके पांच सात साल के पुत्र भी थे। फोटो ग्रुप हुआ तो बच्चे को मैंने अपने पास बैठाया था। दुबे जी की श्रीमती पीजी कॉलेज में हम लोगों को हिंदी की क्लास लेने आया करती थी। शिविर समाप्त हुआ और हमारा स्मृति पटल का चलचित्र रुक गया तो साथियों ने कहा चलो वापिस सिग्रामपुर हम वापिस आये तो अगले गंतव्य की ओर मुड़कर गाड़ी से पहाड़ चढ़ने लगे।

3 नजारा प्वाइंट – नजारा वास्तव में नज़रों का खेल ही होता है। नज़र नजारा तब बनती है जब बात हसीनाओं को होती है। लेकिन यह बात अभी सिग्रामपुर के उस नजारे की चल रही है जिसे देखने हम लोग सिंग्रामपुर से रानी दुर्गावती प्रतिमा से बायें तरफ के रोड पर मुड़ गये और पहाड़ चढ़कर गाड़ी ड्राईवर ने भैंसा गांव से लगभग 3 किलोमीटर कलूमर की ओर मोड़ कर खड़ी कर दी।

अब हम एक ऊँचे पहाड़ के ऊपर खड़े थे जहाँ से नीचे रानी दुर्गावती अभ्यारण का नजारा सांस रोकने वाला दिखाई देता है। घने जंगलो को यहाँ से निहारना मन चितवन को वैसी ही पुलकित करता है जैसे हम किशोर वय में सामने खड़ी शोडषी को देखकर होते थे जो भर चितवन से हमारी ओर देखती रहती थी और हम उसकी ओर देखते रहते थे।

यहां से जंगली जानवरों की गुफाऐं भी देखी जा सकती हैं। कुछ बारह सिंगा और हिरणों का झुंड वहां से नजर आ रहा था। वाह ! अदभुत था नज़ारा।

हम अब वापिस लौटने के बजाय भैंसा कलूमर सड़क के बीच थे एक अदभुत पर्यटन स्थल

पर...

4 सद्भावना शिखर – विंध्यांचल की सबसे ऊंची चोटी का नाम ही सद्भावना शिखर है। यह चोटी समुद्र सतह से 2467 फीट ऊंची मानी जाती है। ऊंचाई शिखर में हो या मानव में हमेशा दिव्यता और आकर्षण बनती है। इस ऊंचाई पर खड़े होकर जबलपुर नगर की लाईट देखीं जा सकती है ऐसा मित्र बता रहे थे। लेकिन मैंने कहा – 'अभी तो संझा भी नहीं हुई कैसे जलेंगी, जब जलेंगी तभी दिखेंगी ना'

यह सुनकर सभी को हंसी आ गई हम वन विभाग के रेस्ट हाउस की तरफ आ रहे थे। तभी गाड़ी दाहिनी तरफ मोड़कर रख दी और पैदल चलने लगे अगले स्थल की ओर.....

5 निदान कुंड – निदान का मतलब हल करना होता है फिर जब एक पतली सी कमर की धारा को बलखाते लहराते हुए गिरते देखा तो वह कुंड उस धारा को अपने हृदय में धारण ही तो कर रहा था इसलिए इसका नाम निदान कुंड सार्थक लगा। समस्याएं और निदान सिर्फ मनुष्य के हिस्से में नहीं आते। प्रकृति हमारी मां है तो उसकी रचना में व्यवधान हैं तो निदान भी है। अक्टूबर का अंतिम सप्ताह था स्थानीय मित्र ने मज़ाक में कहा – ' सर आप यदि अगस्त में आते तो यही सूखी पतली कमर वाली जल लहर युवती की अम्मा के दर्शन हो जाते। ' सभी हंसने लगे। सबको भूख लग रही थी इसलिए लौटे किंतु शर्त थी वन विभाग का रेस्ट हाऊस जरूर देखेंगे शासन ने बहुत अच्छी जगह इस रेस्ट हाउस को बनाया है। मन किया कि आज रात यहीं पर रुक जाएं चारों ओर प्रकृति के अदभुत दृश्य सुबह से देखेंगे। किंतु रुकने की अनुमति स्वीकृति नहीं थी और दोस्त 'बाबा ढाबा' जल्दी पहुंचने की जिद कर रहे थे। इसलिए उनकी हां में हां मिला कर इस पर्यटन यात्रा का हमने यहीं अधूरा अंत कर दिया था क्योंकि अभी जोगन कुंड सहित और भी अदभुत नजारे देखना शेष था। गाड़ी बाबा ढाबा पर खड़ी थी। भागचंद मुस्करा कर नमस्कार कर रहे थे। शाम ढलने लगी थी।